水晶玉子の寿ゾーン

KOTOBUKI
ZONE
SUISHO TAMAKO

水晶玉子

マガジンハウス

水晶玉子の寿ゾーン

水晶玉子

KOTOBUKI
ZONE
SUISHO TAMAKO

BOOK DESIGN
ALBIREO

ILLUSTRATION
IKUMI OOUCHI

はじめに

「私、いつ結婚できますか？」

占いを仕事にするようになって、女性から一番、たくさん聞かれた質問は、これです。

女性向けの雑誌からも、いつ、どのような恋愛＆結婚のチャンスが訪れるのかを占う特集企画の依頼を、とても多くいただきます。

「結婚する、しないは自分の意志の問題」と言い切ってしまえれば簡単なのですが、やはり相手があることだけに、そうはいきません。実際、**恋愛や結婚が成立しやすい時期や運勢と、そうではないときは、くっきり分かれている**ことは実感していました。

いろいろな占いで、婚期を占うことはできます。

その中で、比較的わかりやすく、婚期を割り出せたのが東洋の占術でした。結婚が成立しやすい時期を「寿ゾーン」として雑誌で紹介し始めたのは、私が占いの仕事を始めたばかりのころ、まだ20世紀のころだった気がします。

当時は、女性が結婚で会社を辞めることは「寿退社」と言われて、まだまだ、一般的なことでした。そのイメージがあって、**「寿ゾーン」と命名した**のです。

時は流れて、「寿退社」をする女性は、昔に比べれば、今はかなり少なくなってきたようです。

結婚・出産を経て、キャリアをつないでいる女性が世の中には増えていて、**女性の生き方も、価値観も、ずいぶん多様になってきました。**

それでも、やっぱり昔と同じように、よく聞かれます。

「私、いつ結婚できますか？」

結婚はやはり今も昔も、大人として今後をどう生きるか？ 誰と生きるか？ を決める人生の大きなターニングポイント、**大事な決断を迫られる選択**であることは変わらないのでしょう。

この本は、これまでさまざまな雑誌などの占い企画でご紹介してきた「寿ゾーン」の根本の考え方をまとめ、その運気がいつあなたに巡ってくるかをカレンダーでお知らせするものです。カレンダーは、10年間の長いスパンのものと、2018年7月1日から2019年6月30日までの1年間のものと、2種類を用意しました。

「寿ゾーン」とは、運気的に広くとらえて言い換えると、**人との関わり合いが増えたり深くなったりして、**それによってあなたが変わっていく時期のことです。

だからこそ〝婚期〟にもなるわけですが、結婚以外にも、人と関わることで物事が動くという意味で、**仕事やお金、人間関係でも特徴的な動きがある運気のとき**でもあります。

もう結婚しているから私には関係ないなどと思わず、ぜひ自分の「寿ゾーン」の時期を知って、さまざまなチャンスをつかむために生かしてみてください。

結婚とはまた違う「寿」＝おめでたいこと、をつかむきっかけにできるはずです。**長い人生を豊かに、幸せに生きるために、**この占いを活用していただければ幸いです。

水晶玉子

CONTENTS

第1章

寿ゾーンのメカニズム

寿ゾーンのメカニズムについて、まずご説明します

恋愛が始まりやすく、結婚に結ぶつきやすい運気のときと、どう頑張っても、そんなこととは無縁になってしまう運気のときが、ある一定のサイクルで巡っている、といったら、あなたは信じますか？

恋愛&結婚への縁が生まれやすい、そんな運気の時期を「寿ゾーン」と名づけました。あなたにそれがいつ巡ってくるのか、その運気をうまく活かすにはどうしたらいいのか、それをお伝えして、**あなたが幸せを手にするお手伝い**をしていこうと思います。

人の運気は、ある一定のサイクルで巡っています。

東洋の占術では、10年、10か月、10日、または12年、12か月、12日というのが大きなひとつのサイクルの目安です。

この「寿ゾーン」という運気も、その10というサイクルをもとに考えられています。

年運のサイクルでいえば、10年間のうち4年間は、未婚の人ならば、**恋愛が生まれやすく、結婚がしやすい運気が必ず巡ってきます。その4年間が「寿ゾーン」**です。

では、残りの6年間は、恋愛も結婚もないの？　とがっかりするかもしれませんが、けっして、そうではありません。どんな年でも、10か月に4か月間、10日に4日は「寿ゾーン」の運気が巡ってきます。

そして、「寿ゾーン」の年に巡ってくる、4か月間の「寿ゾーン」の月、4日間の「寿ゾーン」の日は、もちろん**最強の恋愛運が訪れる**と考えてもよいでしょう。けれど、「寿ゾーン」の年以外の「寿ゾーン」の月でも、恋が芽生えたり、愛が盛り上がることはとても多いのです。ただしその場合は、結婚にいたるまでは少し時間がかかることは多いようです。

不思議なことですが、これは長年、占いをしていて、実感していることです。

運気のサイクルは季節のようなものです。

植物が種から育ち、花開いて、実りのときを迎え、収穫されて、また次の種を生み出すように、ひとつの大きな流れの中で、私たちは自分らしい人生を紡いでいきます。

「寿ゾーン」とは、そのサイクルの中でも、花が開いて、さまざまな形で受粉し、実りのときを迎える、**運気的には華やかな時期、建設的な時期**といえるでしょう。

出会いが、ちょうど「寿ゾーン」という開花した時期であれば、電撃恋愛、結婚となって、すぐに実りの時期へと向かっていけます。けれど、まだあなたが発芽したばかりの運気のころだったり、前の収穫が終わったばかりだったりのタイミングであれば、**ゴールまでには時間がかかることが多い**のです。

ただし、恋愛と結婚には相手があるもの。あなた自身は「寿ゾーン」の時期ではなくても、相手に「寿ゾーン」の運気が巡っていれば、**相手主導で恋が成就することも少なくないのです。**


この「寿ゾーン」のメカニズムのもとにあるのは、東洋で時間や空間を表す**「干《かん》支《し》」**（えと）です。

「干支」とは、「十干《じっかん》」（甲《きのえ》・乙《きのと》・丙《ひのえ》・丁《ひのと》・戊《つちのえ》・己《つちのと》・庚《かのえ》・辛《かのと》・壬《みずのえ》・癸《みずのと》）とおなじみの「十二支《じゅうにし》」（子《し》（ね）・丑《ちゅう》（うし）・寅《いん》（とら）・卯《ぼう》（う）・辰《しん》（たつ）・巳《し》（み）・午《ご》（うま）・未《び》（ひつじ）・申《しん》（さる）・酉《ゆう》（とり）・戌《じゅつ》（いぬ）・亥《がい》（い））の組み合わせから生まれる「六十干支」から成り立っています。

「今年は戌《いぬ》年」と、多くの人がすぐに答えられますが、年にも、月にも、日にも「干支」は割り振られています。あなたが生まれた日にも「日干支」があり、それと、これから巡ってくる年・月・日の「干支」との組み合わせで、日々の運勢が決まっていきます。

「寿ゾーン」は、主に「十干」同士の組み合わせから生まれる「通変星」と呼ばれる運気から割り出せるものです。

通変星には、「四柱推命」で以下の名前で呼ばれる十個があります。

これが「寿ゾーン」のもとになっている10のサイクルの運気です。

その10の運気は以下のとおりです。

「比肩《ひけん》」「劫財《ごうざい》」→自星

「食神《しょくじん》」「傷官《しょうかん》」→漏星

「偏財《へんざい》」「正財《せいざい》」→財星
「偏官《へんかん》」「正官《せいかん》」→官星
「偏印《へんいん》」「印綬《いんじゅ》」→印星

この運気が10年、10か月、10日のサイクルで誰にでも順番に巡っています。

このうち「財星」の「偏財」と「正財」、「官星」の「偏官」と「正官」が巡る年が「寿ゾーン」です。

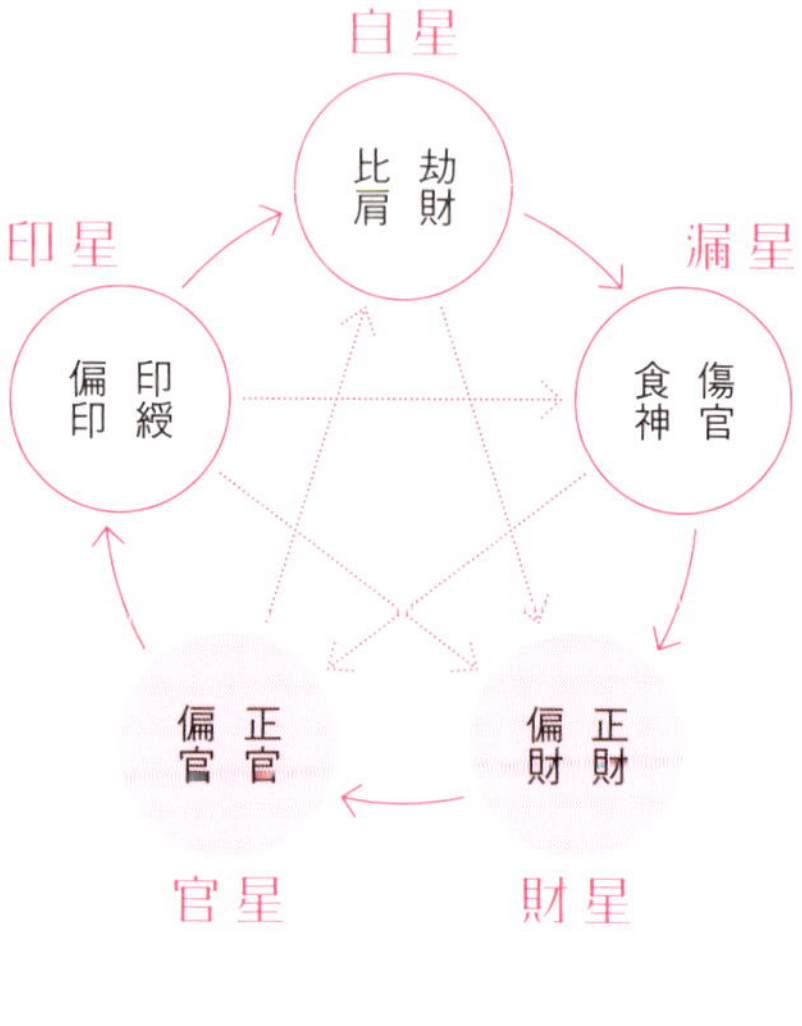

まず、「比肩」「劫財」は「自星」、自分自身を表す星です。自分自身のために、やらなければならないことが多く、自分を整えるような時期。植物でいえば、種まきのときです。

次の「食神」と「傷官」の「漏星」は、自分の気がもれる運気です。ある意味、子供が遊んだり、傷ついたり、無駄なこともいろいろしながら成長するような運気のときです。

そして、次の「偏財」「正財」は「財星」ですから、まさに〝財〟を手に入れる運気の時期。文字通り、金運もよく、お金も入ってきますが、人という〝財〟にも縁があるという意味で、親密な人間関係が生まれやすい。つまり恋愛や結婚が成立しやすい運気の時期なのです。魅力が増して、周囲に人が集まる、花なら開花の時期です。

その次の「偏官」「正官」の「官星」の「官」とは仕事での地位とか立場を表す文字です。**この「財星」と「官星」が寿ゾーンにあたります。**

つまり「官星」が巡る時期は、人に認められ、評価され、何か新たな「立場」を得る、いわば実りの時期ともいえます。

そこから迎える、次の「偏印」「印綬」の「印星」は知恵や新しい体験を求める運気。いわば、実ったものが収穫された後、次のサイクルのための種まきの種を探して、さまざま栄養を吸収するような時期となります。

右ページの図を見ていただくとよくわかると思うのですが、「漏星」と「印星」は、「自星」に対して、アウトプット、インプットするような矢印となっていて、大きく言えば、自分自身を整える運気のときです。

それに対して、「財星」と「官星」が巡るときの矢印は、自分自身から離れたもの、つまり他者へと向かっていたり、他者からやってきたりしています。

財を生む商売も愛情も、他者とのかかわりがあって生まれるもの。

官を生む仕事や出世も、他者の評価や競争あってこそ、生まれるもの。

この**他者との関わりが大きく広がり、それによって自分も相手も変わる**、多くはうれしい方向に発展することが多い財星と官星の運気こそが「寿ゾーン」の正体です。

その根本的な意味が少しわかっていただけたでしょうか？


理屈を言われるより、自分自身のこれまでをちょっと振り返ってみると、意外にしっくり納得できることもあるかもしれません。

なぜだか、急に異性から声をかけられることが増えたり、素敵な人と出会いが次々とやってきて、モテ期到来。あなた自身も恋愛モードになった時期があった記憶があれば、**それはあなたの「寿ゾーン」だったかもしれません。**

ラブラブで付き合ったのに、何が理由かすらわからないうちに、なんとなく心が冷めて、恋人と足並みが揃わなくなり、別の異性や恋愛以外なことへと関心が移って行ったりしたことがあったら、**そこが「寿ゾーン」の終わりだったのかもしれません。**

運気は、いつも流れていて、よいことも悪いことも続かないのが自然の摂理です。

もし、あなたが今、恋愛や結婚を望んでいるなら、次に訪れる、あなたの「寿ゾーン」の時期をとらえて、そのきっかけをつかめるように動いてみましょう。そして、「寿ゾーン」が終わる前に、**その絆《きずな》を形にしておくようにしましょう。**

ずっとチャンスがないと嘆いているあなたは、自分を変えるきっかけを「寿ゾーン」でつかんでください。今の彼との愛はけっして変わらないから形なんてこだわらない、と思っているあなたも、**やがてやってくる運命の変化のときのために油断せず**、共に乗り越える土台作りのタイミングとして、この「寿ゾーン」を利用してみてください。

また、本書では、4年、あるいは4か月続く「寿ゾーン」に、「寿ゾーン・起の年」「寿ゾーン・承の年」……というように**「起・承・転・結」**の区切りを付けました。

「起・承・転・結」、それぞれの運気のときに合う幸運のつかみ方があります。恋愛

&結婚以外のことでも、この「寿ゾーン」をうまく使うコツを、第4章でお伝えします。

まずは次の第2章で、あなた自身の「寿キャラ」を出しましょう。10タイプある「寿キャラ」は、**運命数別にさらに6つのタイプに分かれ、全部で60通り**になっています。ご自身の寿キャラと運命数がわかったら、まず「寿10年バー」を見てみてください。今、あなたに年運の「寿ゾーン」は訪れているのかどうか、**長期的に、10年運のサイクルが確かめられます。**

第3章では、有名人の結婚と「寿ゾーン」の関係を見ていきます。

第5章では、それぞれの「寿キャラ」の基本的な性格や運勢傾向をチェック。「寿365日カレンダー」と合わせて、長期&短期の行動の指針にしてください。

ハッピーな人生は、自分で切り開くもの。**「寿ゾーン」を上手に使って、幸運を逃さないようにしてくださいね。**

第2章

「寿10年バー」で知る あなたの寿ゾーン

あなたの「寿ゾーン」を調べましょう

10年のうち の4年間巡ってくる年運の「寿ゾーン」は、あなたにはいつ訪れるのでしょうか？　まず、あなたの寿キャラと運命数を、29〜31ページを参考に探してください。そして、32ページからの「寿10年運バー」を見てみましょう。

「寿10年運バー」の中でピンク色になっている年が、あなたの「寿ゾーン」です。

寿キャラ「松」と「竹」の人は2018年から4年間の「寿ゾーン」が始まりました。

2018年は「寿ゾーン」の「起の年」、2019年は「承の年」。

寿キャラ「桜」と「梅」の人の「寿ゾーン」は2020年から4年間です。

寿キャラ「富士」と「俵」の人の「寿ゾーン」は2022年から4年間です。

寿キャラ「鶴」と「鈴」の人は4年間の「寿ゾーン」が終わったばかりなので、次の「寿ゾーン」は2024年からです。

寿キャラ「亀」と「鯛」の人の「寿ゾーン」は2016年から始まっているので、2018年は「寿ゾーン」の後半の「転の年」、2019年「結の年」。

「寿ゾーン」は4年間。人それぞれ運気のとらえ方は違いますが、欲しいものを手に入れられる期間、と考えてください。4年間には、「起」「承」「転」「結」という運気の流れがあります。

次に「寿10年バー」にある運気のマークを説明します。

マークは「発展運」。

拡大と発展のある運気を表します。「寿ゾーン」と重なれば、恋愛&結婚につながる出会いと進展、さまざまな飛躍のときになります。

「寿ゾーン」以外の年でも、さまざまなチャンスに出会うときです。

❤マークは、「融合運」。

誰かや何かと結びつくことで、新しい形が生まれていく運気を表します。人と密接な関係が生まれやすいので、結婚などが成立しやすいときです。「寿ゾーン」と重なれば、結婚のよきタイミングになります。

! マークは、「変化運」。

物事の流れが変わる運気を表します。何かが止まる、終わるということもありますが、そこから新しい流れが生まれるときでもあります。

!! マークは「大変化運」で、変化運の作用が強く表れるときです。「寿ゾーン」と重なれば、結婚や仕事での影響で、それまでと違う生活が始まることに。または、大きな変化を経て、新たな縁が生まれることを示します。

▲ マークは「トラブル運」。いろいろなことがちぐはぐで、なかなかかみ合わないことが多い運気を表します。ストレスや病気などにも注意が必要なとき。「寿ゾーン」と重なっても、慌てずに慎重にゆっくり進んでいくようにしましょう。

✕ マークは、「キャンセル運」。いわゆる「天中殺」の運気です。年運では、2年間続きます。

「天中殺」は普段とは違うイレギュラーな時期を表し、普段はあまり縁のなかった人や環境に接することがあったり、物事がいきなり進みすぎたりして制御不能に陥ることもありますが、心や精神面に大きな影響を受ける経験をする時期となります。

ただ「キャンセル運」のときに出会った人、決めたことは、そのイレギュラーな運気が終わったあとに、消えてしまったり、形が変わってしまったり、いわば〝キャンセル〟になるようなこともあります。

「寿ゾーン」や「発展運」などに「キャンセル運」が重なると、いきなりすごいスピードで他のすべてを〝キャンセル〟してでも、結婚などに突き進むこともあります。その縁がすべて悪いとかうまくいかないということはありませんが、「キャンセル運」の時期に起きた出来事、つかんだ縁は、「キャンセル運」が終わった後に、予想とは少し違ったものになっていくので、仕切り直しや調整が必要になります。

○マークは「自星」の年を表します。
自分の寿キャラ（日干）と同じ「気」が巡る、四柱推命などでは「比肩」「劫財」

と言われる年で、独立、自立、守りの運気をもたらします。そのため、「寿ゾーン」でなくても、相手が「寿ゾーン」だと、結婚が成立しやすい年です。次章で有名人の結婚について書きますが、該当する方が多くいました。

これらのマークは、第5章で紹介する寿キャラ＋運命数別の２０１８年7月から２０１９年6月までの「寿３６５日カレンダー」にも共通です。

つまり、**これらの運気が、月運でも、日運でも巡ります。**

年運で「寿ゾーン」が巡っている年に、月運の「寿ゾーン」が巡れば、「W寿ゾーン」となって、カレンダーのピンク色は濃くなり、そこに日運の「寿ゾーン」が巡れば「トリプル寿ゾーン」として、さらに濃いピンク色になります。

もちろんそこは**恋愛&結婚の大チャンス**、他のことでもさまざまな縁がうまれやすい運気のときとなります。

第5章に掲載している「寿３６５日カレンダー」には、「寿10年運バー」にはないマークも出てきますが、それについては、61ページでお伝えします。

寿キャラ	運命数					
松	1	11	21	31	41	51
竹	2	12	22	32	42	52
桜	3	13	23	33	43	53
梅	4	14	24	34	44	54
富士	5	15	25	35	45	55
俵	6	16	26	36	46	56
鶴	7	17	27	37	47	57
鈴	8	18	28	38	48	58
亀	9	19	29	39	49	59
鯛	10	20	30	40	50	60

寿キャラの割り出し方

1 次のページの「生年月日表」で、自分の生まれた年と生まれた月が交わる欄を見つけます。

2 ①の欄に書いてある数字に、自分の誕生日の数を足します。（足した数が61以上になった場合は、60を引く）それが、あなたの運命数です。

3 ②で出した運命数を上の表で探します。左の欄にあるのが、あなたの寿キャラ。

※自分のカレンダーを探すために、運命数も覚えておきましょう。

例）1988年6月11日生まれ
新垣結衣さんの場合

①「生年月日表」の1988年6月の欄を見ると、「23」
② 23＋11＝34で、運命数は「34」
③ 寿キャラ表では「34」は梅です。

	1月	2月	3月	4月	5月	6月	7月	8月	9月	10月	11月	12月
1939	34	5	33	4	34	5	35	6	37	7	38	8
1940	39	10	39	10	40	11	41	12	43	13	44	14
1941	45	16	44	15	45	16	46	17	48	18	49	19
1942	50	21	49	20	50	21	51	22	53	23	54	24
1943	55	26	54	25	55	26	56	27	58	28	59	29
1944	0	31	0	31	1	32	2	33	4	34	5	35
1945	6	37	5	36	6	37	7	38	9	39	10	40
1946	11	42	10	41	11	42	12	43	14	44	15	45
1947	16	47	15	46	16	47	17	48	19	49	20	50
1948	21	52	21	52	22	53	23	54	25	55	26	56
1949	27	58	26	57	27	58	28	59	30	0	31	1
1950	32	3	31	2	32	3	33	4	35	5	36	6
1951	37	8	36	7	37	8	38	9	40	10	41	11
1952	42	13	42	13	43	14	44	15	46	16	47	17
1953	48	19	47	18	48	19	49	20	51	21	52	22
1954	53	24	52	23	53	24	54	25	56	26	57	27
1955	58	29	57	28	58	29	59	30	1	31	2	32
1956	3	34	3	34	4	35	5	36	7	37	8	38
1957	9	40	8	39	9	40	10	41	12	42	13	43
1958	14	45	13	44	14	45	15	46	17	47	18	48
1959	19	50	18	49	19	50	20	51	22	52	23	53
1960	24	55	24	55	25	56	26	57	28	58	29	59
1961	30	1	29	0	30	1	31	2	33	3	34	4
1962	35	6	34	5	35	6	36	7	38	8	39	9
1963	40	11	39	10	40	11	41	12	43	13	44	14
1964	45	16	45	16	46	17	47	18	49	19	50	20
1965	51	22	50	21	51	22	52	23	54	24	55	25
1966	56	27	55	26	56	27	57	28	59	29	0	30
1967	1	32	0	31	1	32	2	33	4	34	5	35
1968	6	37	6	37	7	38	8	39	10	40	11	41
1969	12	43	11	42	12	43	13	44	15	45	16	46
1970	17	48	16	47	17	48	18	49	20	50	21	51
1971	22	53	21	52	22	53	23	54	25	55	26	56
1972	27	58	27	58	28	59	29	0	31	1	32	2
1973	33	4	32	3	33	4	34	5	36	6	37	7

	1月	2月	3月	4月	5月	6月	7月	8月	9月	10月	11月	12月
1974	38	9	37	8	38	9	39	10	41	11	42	12
1975	43	14	42	13	43	14	44	15	46	16	47	17
1976	48	19	48	19	49	20	50	21	52	22	53	23
1977	54	25	53	24	54	25	55	26	57	27	58	28
1978	59	30	58	29	59	30	0	31	2	32	3	33
1979	4	35	3	34	4	35	5	36	7	37	8	38
1980	9	40	9	40	10	41	11	42	13	43	14	44
1981	15	46	14	45	15	46	16	47	18	48	19	49
1982	20	51	19	50	20	51	21	52	23	53	24	54
1983	25	56	24	55	25	56	26	57	28	58	29	59
1984	30	1	30	1	31	2	32	3	34	4	35	5
1985	36	7	35	6	36	7	37	8	39	9	40	10
1986	41	12	40	11	41	12	42	13	44	14	45	15
1987	46	17	45	16	46	17	47	18	49	19	50	20
1988	51	22	51	22	52	23	53	24	55	25	56	26
1989	57	28	56	27	57	28	58	29	0	30	1	31
1990	2	33	1	32	2	33	3	34	5	35	6	36
1991	7	38	6	37	7	38	8	39	10	40	11	41
1992	12	43	12	43	13	44	14	45	16	46	17	47
1993	18	49	17	48	18	49	19	50	21	51	22	52
1994	23	54	22	53	23	54	24	55	26	56	27	57
1995	28	59	27	58	28	59	29	0	31	1	32	2
1998	44	15	43	14	44	15	45	16	47	17	48	18
1999	49	20	48	19	49	20	50	21	52	22	53	23
2000	54	25	54	25	55	26	56	27	58	28	59	29
2001	0	31	59	30	0	31	1	32	3	33	4	34
2002	5	36	4	35	5	36	6	37	8	38	9	39
2003	10	41	9	40	10	41	11	42	13	43	14	44
2004	15	46	15	46	16	47	17	48	19	49	20	50
2005	21	52	20	51	21	52	22	53	24	54	25	55
2006	26	57	25	56	26	57	27	58	29	59	30	0
2007	31	2	30	1	31	2	32	3	34	4	35	5
2008	36	7	36	7	37	8	38	9	40	10	41	11
2009	42	13	41	12	42	13	43	14	45	15	46	16
2010	47	18	46	17	47	18	48	19	50	20	51	21

松

	2018	2019	2020	2021	2022	2023	2024	2025	2026	2027
松1	起✕	承✕	転	結♥			🌱○	○	!	▲
松11	起	承	転	結	🌱	♥	!○	○	🌱	
松21	起	承▲	転🌱	結	!		🌱○	♥○	✕	✕
松31	起🌱	承	転!!	結▲	🌱		✕○	✕○		♥
松41	起!!	承	転🌱	結	✕	✕▲	○	○		
松51	起🌱	承♥	転✕	結✕			○	▲○	🌱	

竹

	2018	2019	2020	2021	2022	2023	2024	2025	2026	2027
竹2	起✕	承✕	転♥	結			○	🌱○	▲	!
竹12	起	承	転	結	♥	🌱	○	!○		🌱
竹22	起▲	承	転	結🌱		!	♥○	🌱○	✕	✕
竹32	起	承🌱	転▲	結!!		🌱	✕○	✕○	♥	
竹42	起	承!!	転	結🌱	✕▲	✕	○	○		
竹52	起♥	承🌱	転✕	結✕			▲○	○		🌱

＊年運の替り日は毎年立春(2月4日頃)です

桜

	2018	2019	2020	2021	2022	2023	2024	2025	2026	2027
桜3	✕🌱	✕♥	起	承	転	結		▲	🌱○	○
桜13			起	承♥	転	結	🌱		!○	▲○
桜23			起	承	転🌱	結♥	!		✕🌱○	✕○
桜33		▲	起🌱	承	転!!	結	✕🌱	✕♥	○	○
桜43	🌱		起!!	承▲	転✕🌱	結✕			○	♥○
桜53	!		起✕🌱	承✕	転	結▲			○	○

梅

	2018	2019	2020	2021	2022	2023	2024	2025	2026	2027
梅4	✕♥	✕🌱	起	承	転	結	▲		○	🌱○
梅14			起♥	承	転	結		🌱	▲○	!○
梅24			起	承	転♥	結🌱		!	✕○	✕🌱○
梅34	▲		起	承🌱	転	結!!	✕♥	✕🌱	○	○
梅44		🌱	起▲	承!!	転✕	結✕🌱			♥○	○
梅54		!	起✕	承✕🌱	転▲	結			○	○

富士

	2018	2019	2020	2021	2022	2023	2024	2025	2026	2027
富士5	×！○	×○	🌱		起	承▲	転	結		
富士15	🌱○	♥○			起	承	転	結▲	🌱	
富士25	○	○		♥	起	承	転🌱	結	×！	×▲
富士35	○	○			起🌱	承♥	転×!!	結×	🌱	
富士45	○	▲○	🌱		起×!!	承×	転🌱	結♥		
富士55	🌱○	○	×！	×▲	起🌱	承	転	結		♥

俵

	2018	2019	2020	2021	2022	2023	2024	2025	2026	2027
俵6	×○	×！○		🌱	起▲	承	転	結		
俵16	♥○	🌱○			起	承	転▲	結		🌱
俵26	○	○	♥		起	承	転	結🌱	×▲	×！
俵36	○	○			起♥	承🌱	転×	結×!!		🌱
俵46	▲○	○		🌱	起×	承×!!	転♥	結🌱		
俵56	○	🌱○	×▲	×！	起	承🌱	転	結	♥	

＊年運の替り日は毎年立春(2月4日頃)です

鶴

	2018	2019	2020	2021	2022	2023	2024	2025	2026	2027
鶴7	×🌱	×	!○	▲○	🌱		起	承	転	結♥
鶴17	!		🌱○	○		▲	起	承	転	結
鶴27	🌱	♥	○	○			起	承▲	転×🌱	結×
鶴37			○	♥○			起×🌱	承×	転!!	結▲
鶴47			○	○	×🌱	×♥	起!!	承	転🌱	結
鶴57		▲	×🌱○	×○	!		起🌱	承♥	転	結

鈴

	2018	2019	2020	2021	2022	2023	2024	2025	2026	2027
鈴8	×	×🌱	▲○	!○		🌱	起	承	転♥	結
鈴18		!	○	🌱○	▲		起	承	転	結
鈴28	♥	🌱	○	○			起▲	承	転×	結×🌱
鈴38			♥○	○			起×	承×🌱	転▲	結!!
鈴48			○	○	×♥	×🌱	起	承!!	転	結🌱
鈴58	▲		×○	×🌱○		!	起♥	承🌱	転	結

亀

	2018	2019	2020	2021	2022	2023	2024	2025	2026	2027
亀9	転✕	結✕▲	🌱		!○	○	🌱	♥	起	承
亀19	転🌱	結	!	▲	🌱○	○			起	承♥
亀29	転!!	結	🌱		○	▲○			起✕	承✕
亀39	転🌱	結♥			○	○	✕	✕▲	起🌱	承
亀49	転	結		♥	✕○	✕○	🌱		起!!	承▲
亀59	転	結	✕	✕	🌱○	♥○	!		起🌱	承

鯛

	2018	2019	2020	2021	2022	2023	2024	2025	2026	2027
鯛10	転✕▲	結✕		🌱	○	!○	♥	🌱	起	承
鯛20	転	結🌱	▲	!	○	🌱○			起♥	承
鯛30	転	結!!		🌱	▲○	○			起✕	承✕
鯛40	転♥	結🌱			○	○	✕▲	✕	起	承🌱
鯛50	転	結	♥		✕○	✕○		🌱	起▲	承!!
鯛60	転	結	✕	✕	♥○	🌱○		!	起	承🌱

＊年運の替り日は毎年立春(2月4日頃)です

第3章

あの有名人の寿ゾーン

その結婚は、みんな「寿ゾーン」？

自分の「寿ゾーン」の時期もそのメカニズムもわかったけれど、本当にそんなにうまく素敵な縁やうれしい出来事がやってくるもの？

と、まだ半信半疑の人が多いかもしれません。

では、有名人のカップルを見てみましょう。

２０１８年５月19日に晴れて挙式した、英国のヘンリー王子とメーガン・マークルさん。

ヘンリー王子は、１９８４年９月15日生まれで、寿キャラは鷹揚な「亀49」。

メーガン・マークルさんは、１９８１年８月４日生まれで、寿キャラはまっすぐな「松51」。

ヘンリー王子の「亀」タイプに、年運で「寿ゾーン」が始まったのは、２０１６年

2月立春から。そして、ヘンリー王子とメーガンが初めて会ったのは、2016年の7月と伝えられています。王子の一目惚れだったといいますが、まさに、その年は彼の「寿ゾーン・起の年」、**年運の「寿ゾーン」の4年間が始まって数か月後の運命の出会い**でした。

それまで数々の女性と浮名を流し、やんちゃなエピソードも多かったヘンリー王子ですが、母を幼少で亡くし、王室という特殊な環境で育ったことに向き合うため、「寿ゾーン」の始まる数年前から、兄夫妻と共にメンタルヘルスケアを受けていました。こうしたことも、**結婚につながる真剣な出会いを呼び込むことにつながった**のかもしれません。寿ゾーンに入る前の自分を変えるためのポジティブな行動は、いい結果を生むことが多いのです。

交際は順調に進み、2017年11月の、ヘンリー王子の「寿ゾーン・承の年」に婚約。結婚式を挙げた2018年5月は、王子の「寿ゾーン・転の年」の「寿ゾーン・承の月」です。

一方のメーガン・マークルさんにとっては、ヘンリー王子と出会ったのは「寿ゾーン」の時期ではありませんでしたが、相手の「寿ゾーン」パワーに引っ張られるような形で恋愛は進み、結婚した2018年は、彼女も「寿ゾーン・起の年」になっています。

そして、**新郎も新婦も「寿ゾーン」にゴールインという理想的な流れ**で、ロイヤルな結婚生活は始まります。人と交流し、影響し合う「寿ゾーン」の期間に協力し合いながら、ふたりの新生活が築かれていくわけです。

日本では、恋人同士のモデルとして活躍、人気を獲得して、2016年12月に入籍した、**ぺこ&りゅうちぇるさん**が、ふたりとも「寿ゾーン」の時期にゴールインしたカップルです。

ぺこさんは、1995年6月30日生まれで、寿キャラは「亀29」

りゅうちぇるさんは、1995年9月29日生まれで、寿キャラは「鯛60」。

ふたりが出会って、恋に落ちたのは、どちらも高校卒業後の18歳のときと伝えられているので、2014年。そのときは、まだ、ふたりとも「寿ゾーン」にはなっていないときでしたが、交際を始めて、2年後の2016年から、ふたり同時に「寿ゾーン・起の年」が始まりました。それを待っていたかのような入籍&結婚でした。

「寿ゾーン」は、その前から交際を始めたカップルにとっては、機が熟して、満を持して結婚に踏み切るべきタイミングでもあります。

「寿ゾーン・転の年」の２０１８年には第１子も誕生。カップルとしての新しい生活が始まります。ぺこ&りゅうちぇるさんのふたりは、結婚当時共に21歳の若いカップルですが、「まだ若いから」とか「もう少し仕事をしてから」とか考えず、ふたりで生きることを優先させた決断は、仕事の都合などがあったにせよ、ある意味、カップルとして「寿ゾーン」の運気の流れを自然に受け止めた、愛ある選択でした。

ヘンリー王子のように、４年間の「寿ゾーン」の運気に突入して、その期間に運命の出会いを果たして、あっという間に盛り上がって、結婚に進む場合もあれば、ぺこ&りゅうちぇるさんのように、「寿ゾーン」の少し手前で出会って、ゆっくり愛を育みながら「寿ゾーン」でゴールインする場合もあります。

いずれにしても「寿ゾーン」には、愛に出会う、愛を成就させる力があります。

でも実は、ヘンリー&メーガンさん、ぺこ&りゅうちぇるさんのように、ふたり揃って「寿ゾーン」でなくても、**ゴールインを果たすカップルはたくさんいます。**特に多いのは、ふたりのうちのどちらか片方が「寿ゾーン」で結婚したカップルです。

2018年前半に結婚を発表した有名人カップルを見てみましょう。

2018年に「寿ゾーン」になるのは、寿キャラ「松」「竹」「亀」「鯛」の4キャラの人たちですが、

宮沢りえさん（1973年4月6日生まれ）は、寿キャラ**「亀9」**⇓

寿ゾーン・転の年

森田剛さん（1979年2月20日生まれ）は、寿キャラ**「富士55」**⇓自星

松田翔太さん（1985年9月10日生まれ）は、寿キャラ**「亀49」**⇓

寿ゾーン・転の年

秋元梢さん（1987年7月27日生まれ）は、寿キャラ**「梅14」**

どちらも、片方は「寿ゾーン」の運気の時期でした。
特に宮沢りえさんと森田剛さんは、2016年8月の舞台共演がきっかけで熱愛に発展したと伝えられていますが、2016年は寿キャラ「亀」の宮沢りえさんの「寿ゾーン」が始まったばかりの「起の年」にあたり、しかも8月は月運も彼女の「寿ゾーン」が始まる「W寿ゾーン」の運気の時期。そのタイミングで仕事を通してガッツリとタッグを組むというのは、ある意味、**運命的な出会いだったのかもしれません。**宮沢さんは、年運の「寿ゾーン」が始まった直後の2016年3月に前のご主人との離婚も成立していました。

一方、松田翔太さんと秋元梢さんの熱愛報道が出たのは2015年のこと。このときは、どちらも「寿ゾーン」ではありませんでした。ただ、ふたりは2011年ごろから知り合い、友人だったと報道されています。寿キャラ「梅」の秋元さんの、この前の「寿ゾーン」が2010年~2013年なので、**出会いは彼女の「寿ゾーン」の時期だったのではないでしょうか？**　そしてゴールインは松田さんの「寿ゾーン」を迎えたときとなったわけです。

出会いとゴールインの両方に影響している寿ゾーン

そして、昨年2017年にゴールインした有名人カップルも見てみましょう。
2017年に「寿ゾーン」だったのは、「鶴」「鈴」「亀」「鯛」の4キャラでした。

岡田准一さん（1980年11月18日生まれ）は、寿キャラ**「竹32」**
宮崎あおいさん（1985年11月30日生まれ）は、寿キャラ**「鯛10」**⇓
2017年は、「寿ゾーン・承の年」

ふたりの馴《な》れ初めは、2008年の映画共演だったというから、かなり昔です。寿キャラ「鯛」の宮崎さんの前回の「寿ゾーン」が2006〜2009年、寿キャラ「竹」の岡田さんの前回の「寿ゾーン」が2008年〜2011年なので、ファーストコンタクトは共に「寿ゾーン」だったと推測できますが、宮崎さんは、2007年にすでに結婚をしていました。その後、宮崎さんの離婚など紆余《うよ》曲折を乗り越え、長期間、愛をつないで、2016年から始まった、今回の宮崎さんの「寿ゾーン」でのゴールインが実現したということになります。

武井咲さん（1993年12月25日生まれ）は、寿キャラ「鶴17」⇓
2017年は、「寿ゾーン・結の年」
TAKAHIROさん（1984年12月8日生まれ）は、寿キャラ「桜13」⇓
2017年は、自星

こちらのふたりの出会いは2014年のドラマ共演とされていますが、2014年は、寿キャラ「鶴」の武井さんの今回の「寿ゾーン」がまさに始まったばかりの「起の年」。「寿ゾーン」の始まりと共に飛び込んできた出会いであり、恋だったのかも。
また、ふたりの場合は、〝授かり婚〟で、結婚と妊娠の同時発表でしたが、2017年は武井さんにとって「寿ゾーン・結の年」。2018年の節分を過ぎれば、武井さんの「寿ゾーン」は終わってしまいます。猛スピードで進んでしまった結婚のような感じでも、**運気の流れ的には順当だったのかもしれません。**

渡部建さん（1972年9月23日生まれ）は、寿キャラ**「梅54」**⇩

2017年は、自星

佐々木希さん（1988年2月8日生まれ）は、寿キャラ**「鯛30」**⇩

2017年は、「寿ゾーン・承の年」

佐々木さんと渡部さんは、交際が始まったのは2014年と報道されていますが、当時は、どちらも「寿ゾーン」ではありません。ただ、それ以前から、友人のひとりとしてグループでよく会っていたと伝えられています。寿キャラ「梅」の渡部さんの前の「寿ゾーン」が、2010年〜2013年なので、初めて出会ったのは、渡部さんの「寿ゾーン」の期間であったと推測されます。ゆっくり距離を縮め、大事に愛を育んで、寿キャラ「鯛」の佐々木さんの今回の「寿ゾーン」に入り、よい流れでゴールインしたということになります。

長友佑都さん（1986年9月12日生まれ）は、寿キャラ**「俵56」**
平愛梨さん（1984年12月12日生まれ）は、寿キャラ**「鶴17」**⇓
2016年〜2017年2月3日までは、「寿ゾーン・転の年」
※挙式が2017年1月で立春前なので平さんの「寿ゾーン」は「結の年」ではなく前年の「転の年」の運気で結婚。

このふたりも出会いは2013年で、交際に発展したのは2015年と報道されています。寿キャラ「俵」の長友さんのこの前の「寿ゾーン」は、2012年から2015年です。平さんとの出会いと恋愛スタートは、まさに彼の「寿ゾーン」の真っ最中での出来事。一方、平さんの寿キャラ「鶴」の「寿ゾーン」は、2014年〜2017年。長友さんの「寿ゾーン」で出会い、**ふたりの「寿ゾーン」が重なる運気の時期に熱愛に発展**、平さんの「寿ゾーン」で結婚ということになったわけです。

このように、比較的、短期間で決まる結婚は、**両人の、あるいはどちらかの「寿ゾーン」の4年間の中でまとまり**、もう少し時間がかかる交際の場合は、知り合ったり、交際が始まったのが、片方の「寿ゾーン」の年で、**ゴールインは、もう一方の「寿ゾーン」の時期**というのがとても多いパターンです。

瀬戸大也さん（1994年5月24日生まれ）で寿キャラ**「鶴47」**⇒

2017年は、「寿ゾーン・結の年」

馬淵優佳さん（1995年2月5日生まれ）で寿キャラ**「梅4」**⇒

2017年は、自星

2016年のリオデジャネイロ五輪の競泳の400m個人メドレーで銅メダルに輝いた瀬戸大也さんは、その翌年2017年10月に飛び込み選手の馬淵優佳さんと結婚しました。

寿キャラ「鶴」の直近の「寿ゾーン」は2014年〜2017年。

報道によると、おふたりの交際は、2014年に始まったそうです。学生時代からの交際で、どちらも大学を卒業してすぐのゴールイン。年齢的には、かなり若いおふたりの決断のように見えますが、瀬戸さんの「寿ゾーン」の4年間の「起の年」での出会い、「結の年」での結婚は、まさに「寿ゾーン」の運気の流れに素直に乗っていった、典型的なハッピーなご縁といえます。

また、瀬戸さんは、現在、ご自身が個人で持つ2つの日本記録、200mバタフライと400m個人メドレーをどちらも「寿ゾーン・起の年」の2014年に出しています。実は、「寿ゾーン」は、恋愛や結婚だけでなく、仕事やさまざまな人生の活躍の時期になることも多いときです。そうした充実感と自信が〝結婚〟をもたらす、そして、今度はふたりで力を合わせて、次の人生の実りを目指すことになります。

有名人のカップルの例を見てみると、片方が「寿ゾーン」で、片方が「自星」=比肩・劫財の年の結婚もかなり多いのに気が付きましたか？

森田剛さん、TAKAHIROさん、渡部建さん、馬淵優香さんは「自星」の年の結婚です。片方が「寿ゾーン」、片方が「自星」という結婚は、実はとても多いのです。

「自星」については、前章の「寿ゾーン」のメカニズムで説明しましたが、自分自身の「日干」と同じ気が巡る時期のことです。

「自星」は「自立・独立」の運気であり、何かを「守る」運気でもあります。結婚を、親元からの独立や新たに自立した環境を築くこと、そして守るべき相手を持つことと考えれば、「自星」も「寿ゾーン」の時期ではありませんが、案外、**結婚のタイミングにはなりやすいのです。**

このように、最近の有名人カップルの結婚からも「寿ゾーン」の運気がパートナーとの出会いとゴールインに大きく関わっていることがわかっていただけたと思います。

そして、また、恋愛や結婚は、相手があってするもの。

自分自身が「寿ゾーン」の運気の時期でなくても、相手に「寿ゾーン」の運気が巡っていれば、**恋はうまれやすく、まとまりやすいこともわかります。**

あなたの「寿10年運バー」をもう一度確認して、運気の流れを実感してみてください。次章では、恋愛や結婚だけではない、「寿ゾーン」の活用法をお伝えします。

第4章

寿ゾーン徹底活用術

「寿ゾーン」の運気をどう活かすか？

あなたの「寿ゾーン」がいつ巡ってくるかが、わかりましたか？
「寿ゾーン」が次にやってくるのが何年も先で、ちょっとガッカリしたり、逆に、すでに「寿ゾーン」が半分終わっていたりして、焦ってしまっている人もいるかもしれません。

「寿ゾーン」は、運気の流れの中では、**きれいに花が開いて人目を引く、豊かな実りをもたらす、華やかで豊かな時期**なのです。
恋愛や結婚などの縁だけでなく、人との交流が盛んになり、仕事などが発展したり、それまでに積み重ねたあなた自身の能力が、よい形で発揮できる機会に恵まれたりするような**うれしい出来事が起こりやすい**ときです。

第3章の「あの有名人の寿ゾーン」でもご紹介したように、実際にも、結婚なんて頭になかった人が「寿ゾーン」に入ったとたん、急に結婚願望が芽生えて、すぐにふさわしい人に出会って、話がまとまったり、それまでなかなか恋愛がうまくいかなかった人も「寿ゾーン」で待ち望んでいた出会いに恵まれたりするのは、とてもよくあることです。

「寿ゾーン」に入って1年目の「起の年」に出会った、始まった恋や交際は、早ければ翌年、遅くても4年目の「結の年」までにまとまることが多いようです。

「寿ゾーン」の「承の年」「転の年」に出会えば交際期間は短くなりますが、電撃婚でもやはり「結の年」までにはゴールしたほうが安定したスタートになります。

また、「寿ゾーン」の数年前に出会って付き合い始めたふたりも、「寿ゾーン」に入って気持ちや状況が整ってゴールイン、というのも、多いパターンです。

逆にいうと、「寿ゾーン」の最中に交際をしているのに、「結の年」までに入籍や結婚を逃してしまうと、なぜだかゴールのタイミングを逃すようなことになりがちです。

今は、ラブラブだし、結婚は、このまま少し先でも大丈夫、もう少し仕事を頑張りたいし、自分の夢に近づいておきたいし、などと考えていると、「寿ゾーン」が終わった後に、なぜだか、お互いに別の目標ができたり、他の恋をしたりして、足並みが乱れ、結局、別れてしまう……というのは、実はとてもよくあるパターンなのです。

そして、それは運気の流れからも仕方がないこと。つまり「寿ゾーン」という花の季節と実りの季節が終われば、次の開花と実りに向けて、新たな準備が始まるのが自然の流れなのです。

最近は〝事実婚〟を選ぶ人も増えています。いろいろな事情、考え方がありますが、占いの視点でいうと「結婚」は家庭という一種の社会的な単位の中で、それぞれがある〝立場〟を得ること。そしてカップル単位での新しい運気を始めるという意味を持っています。入籍や結婚にこだわっているわけではありませんが、そういうふたりでの新たな旅立ち、現実的な生活の構築という意識は必要です。

ですから、「寿ゾーン」に入ったときに、恋人がいる、交際中の人がいたら、「寿ゾーン」の「結の年」までのゴールインを目指すというのは、結婚のチャンスを逃さないための鉄則です。「鉄は熱いうちに叩《たた》け」ではありませんが、結婚などにはやはり、恋が始まったときの情熱や勢いは必要です。交際は「寿ゾーン」の期間の4年、あるいは「寿ゾーン」以外で始まった恋は、次の「寿ゾーン」までの最長6年を目途に考えて区切ってしまったほうが、〝長すぎた春〟で賞味期限切れのように終わってしまう恋で、時間を無駄にしないですむでしょう。

今、フリーで、まったく恋愛&結婚の気配もなく、本人も婚活モードになっていなくても、現在、「寿ゾーン」ではないなら、焦ることはありません。割り切って、次の「寿ゾーン」までの時間を思い切り自分のために使えばよいのです。好きなことをする、夢を追いかける、仕事に没頭する……それは、恋愛&結婚とは無関係のようですが、あなた自身を磨く時間、そして次の運気の開花や実りのための種まきや成長の時間となります。もっと魅力と能力に磨きをかけて、ステイタスを上げ、次の「寿ゾーン」では、これまで以上のハイレベルな相手との縁をつなげるようになることを目標にすればよいのです。

そうして仕事や自分の目標を懸命に追いかけているうちに、そんなあなたに魅力を感じる人が現れ、「寿ゾーン」ではなくても、もちろんモテたり、交際が始まることはあります。

そして、交際を申し込まれたりした相手が「寿ゾーン」ならば、その人の「寿ゾーン」の運勢に乗って、ゴールインすることも少なくありません。

特に、**あなたに独立や自立の運気をもたらす「自星」が巡ってきて、相手が「寿ゾーン」という組み合わせ**ならば、とてもよい流れで新生活のスタートがきれるでしょう。

「寿ゾーン」ではないもの同士の恋愛&結婚は成立しにくいのか？　といえば、やはり「寿ゾーン」の運気のときよりは、確率的には低くなります。

というのは、ふたりとも自分自身のことで精一杯で、人との関わり方がセルフィシュになりがちだからですが、そこを愛で補って、**どちらかの「寿ゾーン」でのゴールを目指せばよいのです。**ただ相手への思いやりや気づかいは、「寿ゾーン」のとき以上に意識しないと続かなくなりがちです。また、次の「寿ゾーン」で子供ができたりしないと、別の異性と恋をしたりしてしまう場合もあります。

「寿ゾーン」なのに、恋愛&結婚に関わるようなよい出会いがまったく来ない、何もないまま4年間が過ぎてしまったという話はとてもよくききます。

実は、「寿ゾーン」のときに巡っている運気は、仕事運がよいときに巡っている運気と同じなのです。仕事が絶好調で、昇進や抜擢があったり、収入もアップして、とにかく忙しくて、**恋愛や結婚どころでない**となってしまうことも少なくありません。

でも、仕事運が好調なときは、当然、あなたに人の注目も愛も集まってきます。だから「寿ゾーン」のときは、**仕事も恋愛&結婚もと、超欲張りになってよいとき**です。

仕事や、やるべきことの充実を自分の自信に変えて、どちらも頑張るべき。

「寿ゾーン」が過ぎると、仕事運のひとつのピークも去ってしまいます。

もう少し仕事を頑張ってから結婚……と思ったら、仕事運と共にモテ運も去る……のです。そこを肝に銘《めい》じて、「寿ゾーン」は仕事も恋愛&結婚も目いっぱい貪欲に行きましょう。

「寿ゾーン」は恋愛&結婚以外の目的も達成できるとき

「寿ゾーン」は、**恋愛&結婚だけでなく、仕事運も充実期**ということを忘れないでいてください。「寿ゾーン」は、仕事で実績を上げたり、ずっと目指していた目的を達成できる時期でもあります。

すでに結婚してしまっているから、「寿ゾーン」なんて自分には関係ないと思うかもしれませんが、「寿ゾーン」は、**何かで評価をされる、お金が儲《もう》かる、ステイタスが上がる**ようなことが起きて、活躍できる運気でもあります。そこまで試行錯誤を繰り返しながら、地道な努力を積み重ねてきた人が「頑張ってよかった」と思えることが必ずあります。

「寿ゾーン」はあなたの頑張りが花開く時期なのです。恋愛&結婚以外でもうれしいこと、おめでたいことはいろいろ起きるはずです。

ここで間違ってはいけないのは、「寿ゾーン」以外のときもまた、あなたにとっては重要な時間であり、運気だということ。「寿ゾーン」で何を得るか、大きな結果を手にするかは、そこまであなたが何をしてきたかが決めるのです。「寿ゾーン」になって、いきなり張り切ったり、力を入れるのではなく、「寿ゾーン」をひとつのゴールとして、そこまでに、いろいろなことをしていくことが大事です。

時には、迷ったり、やり直したり、何かを手放したり、ある時には脱力したり、そんな運気や時期もあなたが次に充実の「寿ゾーン」をむかえるために必要な出来事と考えて、時間を大切に過ごしましょう。

運気は、みんな、ある一定のサイクルで巡っています。「寿ゾーン」のときのようによいことに出会いやすい時期もあれば、そうでない運気の時期もある。そして「寿ゾーン」は4年間の期間限定です。

つまり悪い運気も続かないけれど、よい運気も続かない。そのことを知って、終わったことやひとつのやり方、生活に執着せず、そのときどき、できることをしながら、次の「寿ゾーン」を目指していく。それが、この「寿ゾーン」の運気を一番、うまく活かすための、単純だけれど奥深いメソッドです。

1年間の「寿ゾーンカレンダー」とその見方

次の章に、寿キャラ＋運命数別の60パターンの「寿３６５日カレンダー」が掲載されています。２０１８年7月1日から２０１９年６月30日までの1年間の毎日の運勢がわかります。

カレンダーに使われている日運のマークは、第3章の「寿10年運バー」と共通の意味のものもあります。

🌱は「発展運」。♥は「融合運」、▲は「トラブル運」、!は「変化運」、!!は「大変化運」です。25ページで説明したような運気が、日運として巡ります。

「寿ゾーン」は、年運でも、月運でも、日運でも巡ります。

年運で「寿ゾーン」が巡っている年に、月運の「寿ゾーン」が巡れば、「W寿ゾーン」となって、カレンダーのピンク色は濃くなり、そこに日運の「寿ゾーン」が巡れば「トリプル寿ゾーン」として、さらに濃いピンク色になります。

寿キャラによって、1年中、ピンク色のカレンダーの人も、グレーの部分が目立つカレンダーの人もいますが、年運が「寿ゾーン」ではない人にも必ず月運と日運の「寿ゾーン」は巡っています。そこを狙って、恋愛&結婚だけでなく、いろいろな縁をつかむことに利用してみてください。

また、この「寿365日カレンダー」には、「寿10年運バー」にはないマークも出てくるので、それをお伝えします。

★マークは「引力運」。

「寿ゾーン」の日の中で人やものなどいろいろなものを引き寄せやすい運気を表します。人や周囲からの影響を受けやすく、与えやすいので、恋愛も含めて人との縁が結ばれやすいときです。

◆マークは「動揺日」。

心のナイーブな面があらわになりやすく、動揺するようなことが起こりやすい運気なので、少し感情のコントロールが必要なとき。強く自己主張しすぎたり、逆に、自分を素直に出せなかったりします。「!」（変化運）と重なると、人と衝突しやすく、「▲」（トラブル運）と重なると、物事をこじらせやすくなります。

×は「キャンセル運」で、いわゆる「天中殺」の運気を表すのは、「寿10年運バー」と同じですが、カレンダーでは、月運と年運が「天中殺」になる「W天中殺」の日をマーキングしてあります。いろいろなことが極端に走りやすい傾向が生まれます。

＊は「Wキャンセル運」で、年運と月運と日運の「天中殺」が重なる「トリプル天中殺」を表します。思いがけないことが起こりやすく、気持ちも不安定になりやすい超警戒日です。ただし、2018年と2019年は、松1、竹2、桜3、梅4、富士5、俵6、鶴7、鈴8、亀9、鯛10の人のカレンダーにしか出現しません。

◎は「極め日」。あなたの「日干支」と同じ「干支」が巡る日。ひとつの流れが極まって、次にどこへ向くかを模索するような、ターニングポイントになるようなタイミングの日です。

第5章

寿キャラ占い&「寿365日カレンダー」

あなたの寿キャラと寿365日カレンダー

この章では、それぞれの「寿キャラ」の「基本性格」をまずお伝えします。「寿キャラ」別の「恋愛と結婚」の傾向や「仕事とお金」、「開運ポイント」もぜひ読んでください。おめでたい物になぞらえた「寿キャラ」のネーミングには、その人の個性に通じるものがあるはずです。

読んでみて、当たってる、当たってない……と感じる部分はあると思いますが、いろいろうまくいかないとき、次の「寿ゾーン」でチャンスをつかみたいときは、自分の「寿キャラ」を思い出して、今度はこんな風なやり方をしてみようか？　と考えてみてはいかがでしょうか。意外な道が見えてくるかもしれません。

そして、「寿キャラ」＋運命数別の「寿365日カレンダー」の登場です。2018年7月1日〜2019年6月30日までの毎日のカレンダーと、1年間の運勢を合わせて見てください。

年運の「寿ゾーン」は10年のうちの4年間ですが、月運の「寿ゾーン」は10カ月に4カ月間、日運「寿ゾーン」は10日に4日間、誰にでも巡ってきています。

この「寿365日カレンダー」では、そんな月運と日運の「寿ゾーン」があなたにいつ巡るかが一目でわかるようになっています。

年運の「寿ゾーン」が遠くても、月運や日運の「寿ゾーン」をうまく利用することで、いろいろなチャンスをつかむこともできるので、ぜひチェックしてください。

カレンダーのいろいろなマークについては、第2章の25ページと、第4章の60ページで説明しています。

「寿ゾーン」の運気の中でも、いろいろな運気が重ったりします。最初はちょっと複雑に感じるかもしれませんが、マークの意味をぜひ覚えて、できれば「寿ゾーン」を含め、よい暗示の日に大事な予定を入れたり、自分から動いたりするようにしてみてください。

そうしているうちに、不思議に運気が整ってくる、これは、あなたに「寿」を運ぶカレンダーです。

松

KOTOBUKI ZONE

MATSU

常緑樹で冬にも枯れず、凛《りん》とした姿を見せる松のように、あなたはどんな環境でもストレートに自分のキャラと世界を守ろうとする人。だからといって、無闇なファイティングポーズを見せることはなく、本質的には素直でやさしい人です。風にそよぐ松のように爽やかな雰囲気を身にまとう優等生タイプでもあります。真っすぐ伸びていく樹木さながらに、高い理想を目指し常に成長しようと努力しますが、木が大きくなるのに時間がかかるように、器用ではなく、柔軟性に欠ける一面もあります。

また、松は〝根を張る場所〟を簡単には変えられず、環境の変化や目標設定を変えなければいけない状況には弱く、そこでポキリと折れると、立ち直るのに時間がかかります。けれど、あなたは、その受け止めた痛みすら、自分の糧にできる強さがあります。松は、伐採されて、有用な木材になるように、挫折を乗り越えた松タイプほど世の中で役立つ人になれるでしょう。

松の人の恋愛と結婚

爽やかで頼り甲斐があり、好感度は高め。でも、優等生的なところがあり、どちらかというとフェロモンは不足気味かも。周りからもガードが堅い人と思われて気軽に声がかかりにくいけど、あなた自身もそんな弱腰な異性は相手にしないでしょう。でも、その真面目なイメージと高いプライドは、婚期を遅らせる原因に。だからといって、もともと恋愛や結婚に対して堅実な考えを持つあなたが、無理に色気や軽さを出しても、結局はうまくいきません。逆に責任感の強さをウリにして、結婚前提の交際へとつなげたほうが成婚率も高まるはず。松の人にお似合いなのは、まっとうで王道な恋愛観なのです。

真面目で多彩な異性に惹《ひ》かれますが、本当は追いかけるより、あなたに興味を持って近づいてきた異性と距離を縮めていくほうが、いい恋愛、結婚へとつながります。一方で、面倒見がよく包容力もあるので、頼られると放っておけず、交際や結婚へと流れることも。でも、くれぐれもダメすぎる相手をつかまないように気をつけて。

挫折に弱いため、別離からの立ち直りにはかなり時間がかかります。失った恋にこだわって時間を無駄使いすることのないよう、早めに新しい恋へと気持ちを切り替えましょう。

松の人の仕事とお金

向上心が強く、自分の力で成長することで運を開いていく松の人が、仕事をするうえで一番大切なのは目標です。不器用で柔軟性に欠けるので、芽が出るまでに時間がかかることもありますが、ズルをしたり楽をしようとしたりしなければ、着実に地位を上げられる大器の器タイプ。

曲がったことが大嫌いで、常にまっとうな道を歩むことを好むあなたは、一発大逆転を狙うような仕事や駆け引きが必要な仕事、商売事には向かないかも。キャリアを重ねることで収入も増えていくような、確実で安定した職業を選ぶと能力を生かしやすいでしょう。

ただし、挫折するとなかなか立ち直れないのが欠点。期待されていることで失敗したり、新しい環境にも馴染みにくいので部署異動や転勤でつまずいたりすると、大きくペースを崩します。そんなときは初心に戻り、自分が本来目指していた目標と向き合えば、自ら軌道修正し次のステップを目指せるはずです。

そんな堅実な松の人は、財テクをするのも、株などのリスクのある利殖には向きません。コツコツと貯金額が増えていく積立貯金、小銭貯金をすると、意外にお金が貯まりそう。金銭的に余裕があるなら、不動産を得ておくと運気も安定します。

松の人の開運ポイント

堅実で、真面目。常識的な正統派の松タイプだけに、世間体に縛られやすい点が一番の弱みになります。周囲から、優等生的に見られ、さまざまな期待を担うことが多いため、それに応え、周囲が望む〝理想の自分〟の姿に近づこうと頑張ります。でも、そこで現実とのギャップを感じることはよくあること。そのときに表面だけを取り繕ってしまうのが、松タイプにとっての一番の落とし穴。素の自分を見せられなくなると、孤独な世界に追い込まれ、人と群れるのがやや苦手なので、寂しい〝一本松〟になってしまいます。

松タイプのあなたが幸運に出会うには、まずは無理をしないこと。上を目指すあまり、プライドが先に立ち、見栄や虚勢を張ると、人生は歪《ゆが》みます。うまくいかなくても、正直にまっすぐ頑張る。そして保守的でも、やや地味でも、なるべく安定した環境や生活を求めて。その意味でも「置かれた場所」で頑張る、粘り強さも大事です。

また、松のような樹木は、嵐の日には旅人を守るように何かを〝守る〟宿命を秘めています。自分自身を守る以上に、家族や友人、自分の好きなものや愛着のある場所などに対して、愛情を注いで守っていくことがあなたの運気を大きく開くことになるでしょう。

2018年 7月

	1	2	3	4	5	6	7	8	9	10	11	12	13	14	15	16	17	18	19	20	21	22	23	24	25	26	27	28	29	30	31
	寿ゾーン「起」の月						寿ゾーン「承」の月																								
				◆		★								◆		★								◆		★					
	！	▲	Y		×	×		♥			Y		！	▲	Y		×	×		♥			Y		!!	▲	Y		×	×	◎

8月

	1	2	3	4	5	6	7	8	9	10	11	12	13	14	15	16	17	18	19	20	21	22	23	24	25	26	27	28	29	30	31
	寿ゾーン「承」の月						寿ゾーン「転」の月																								
			◆		★								◆		★								◆		★						
	♥			Y		!!	▲	Y		×	×		♥			Y		！	▲	Y		×	×		♥			Y		！	▲

9月

	1	2	3	4	5	6	7	8	9	10	11	12	13	14	15	16	17	18	19	20	21	22	23	24	25	26	27	28	29	30
	寿ゾーン「転」の月							寿ゾーン「結」の月																						
		◆		★								◆		★								◆		★						
	Y		×	×		♥			Y		！	▲	Y		×	×		♥			Y		!!	▲	Y		×	×	◎	♥

10月

	1	2	3	4	5	6	7	8	9	10	11	12	13	14	15	16	17	18	19	20	21	22	23	24	25	26	27	28	29	30	31
	寿ゾーン「結」の月																														
		◆		★								◆		★								◆		★							
			Y				Y		✱	✱		♥			Y		！	▲	Y		✱	✱		♥			Y		！	▲	Y

11月

	1	2	3	4	5	6	7	8	9	10	11	12	13	14	15	16	17	18	19	20	21	22	23	24	25	26	27	28	29	30
	◆		★								◆		★								◆		★							
		✱	✱		♥			Y		！	▲	Y		✱	✱		♥			Y		!!	▲	Y		✱	✱	◎	♥	

12月

	1	2	3	4	5	6	7	8	9	10	11	12	13	14	15	16	17	18	19	20	21	22	23	24	25	26	27	28	29	30	31
	◆		★								◆		★								◆		★								◆
		Y		!!	▲	Y		×	×		♥			Y		！	▲	Y		×	×		♥			Y		！	▲	Y	

2019年 1月

	1	2	3	4	5	6	7	8	9	10	11	12	13	14	15	16	17	18	19	20	21	22	23	24	25	26	27	28	29	30	31
		★								◆		★								◆		★								◆	
	×	×		♥			Y		！	▲	Y		×	×		♥			Y		!!	▲	Y		×	×	◎	♥			Y

2月

	1	2	3	4	5	6	7	8	9	10	11	12	13	14	15	16	17	18	19	20	21	22	23	24	25	26	27	28
	★								◆		★								◆		★							
				Y		×	×		♥			Y		！	▲	Y		×	×		♥			Y		！	▲	Y

3月

	1	2	3	4	5	6	7	8	9	10	11	12	13	14	15	16	17	18	19	20	21	22	23	24	25	26	27	28	29	30	31
	◆		★								◆		★								◆		★								◆
		×	×		♥			Y		！	▲	Y		×	×		♥			Y		!!	▲	Y		×	×	◎	♥		

4月

	1	2	3	4	5	6	7	8	9	10	11	12	13	14	15	16	17	18	19	20	21	22	23	24	25	26	27	28	29	30
					寿ゾーン「起」の月																									
		★								◆		★								◆		★								◆
	Y		!!	▲	Y		×	×		♥			Y		！	▲	Y		×	×		♥			Y		！	▲	Y	

5月

	1	2	3	4	5	6	7	8	9	10	11	12	13	14	15	16	17	18	19	20	21	22	23	24	25	26	27	28	29	30	31
	寿ゾーン「起」の月					寿ゾーン「承」の月																									
		★								◆		★								◆		★								◆	
	×	×		♥			Y		！	▲	Y		×	×		♥			Y		!!	▲	Y		×	×	◎	♥			Y

6月

	1	2	3	4	5	6	7	8	9	10	11	12	13	14	15	16	17	18	19	20	21	22	23	24	25	26	27	28	29	30
	寿ゾーン「承」の月					寿ゾーン「転」の月																								
	★								◆		★								◆		★								◆	
				Y		×	×		♥			Y		！	▲	Y		×	×		♥			Y		！	▲	Y		×

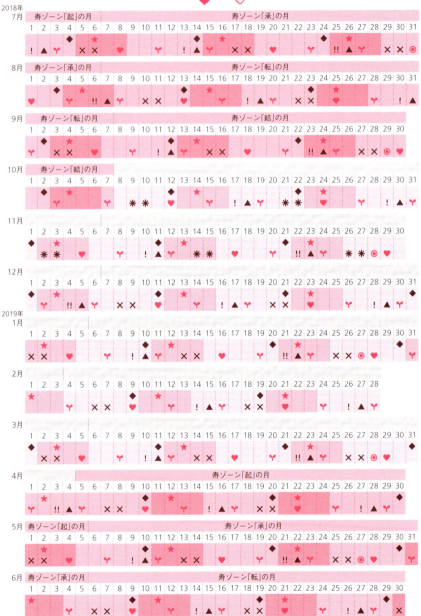

松 11

2018年

7月

	1	2	3	4	5	6	7	8	9	10	11	12	13	14	15	16	17	18	19	20	21	22	23	24	25	26	27	28	29	30	31
ゾーン	寿ゾーン「起」の月						寿ゾーン「承」の月																								
上				◆		★								◆		★								◆		★					
下	Y			▲					Y	♥	!		Y			▲					Y	♥	!		Y			▲			

8月

	1	2	3	4	5	6	7	8	9	10	11	12	13	14	15	16	17	18	19	20	21	22	23	24	25	26	27	28	29	30	31
ゾーン	寿ゾーン「承」の月							寿ゾーン「転」の月																							
上			◆		★								◆		★								◆		★						
下		Y	♥	!!		Y		×	▲×	◎				Y	♥	!!		Y		×	▲×					Y	♥	!		Y	

9月

	1	2	3	4	5	6	7	8	9	10	11	12	13	14	15	16	17	18	19	20	21	22	23	24	25	26	27	28	29	30
ゾーン	寿ゾーン「転」の月							寿ゾーン「結」の月																						
上		◆		★								◆		★								◆		★						
下	×	▲×					Y	♥	!		Y		×	▲×					Y	♥	!		Y		×	▲×				

10月

	1	2	3	4	5	6	7	8	9	10	11	12	13	14	15	16	17	18	19	20	21	22	23	24	25	26	27	28	29	30	31
ゾーン	寿ゾーン「結」の月																														
上		◆		★								◆		★								◆		★							
下	Y	♥	!!		Y		×	▲	◎				Y	♥	!!		Y			▲					Y	♥	!			Y	

11月

	1	2	3	4	5	6	7	8	9	10	11	12	13	14	15	16	17	18	19	20	21	22	23	24	25	26	27	28	29	30
上	◆		★								◆		★								◆		★							
下	▲					Y	♥	!		Y			▲					Y	♥	!		Y			▲					Y

12月

	1	2	3	4	5	6	7	8	9	10	11	12	13	14	15	16	17	18	19	20	21	22	23	24	25	26	27	28	29	30	31
上	◆		★								◆		★								◆		★								◆
下	♥	!!		Y			▲	◎				Y	♥	!!		Y			▲						Y	♥	!		Y		▲

2019年

1月

	1	2	3	4	5	6	7	8	9	10	11	12	13	14	15	16	17	18	19	20	21	22	23	24	25	26	27	28	29	30	31
上		★								◆		★								◆		★								◆	
下					Y	♥	!		Y			▲					Y	♥	!		Y			▲					Y	♥	!!

2月

	1	2	3	4	5	6	7	8	9	10	11	12	13	14	15	16	17	18	19	20	21	22	23	24	25	26	27	28
上	★								◆		★								◆		★							
下		Y			▲	◎				Y	♥	!!		Y			▲					Y	♥	!		Y		

3月

	1	2	3	4	5	6	7	8	9	10	11	12	13	14	15	16	17	18	19	20	21	22	23	24	25	26	27	28	29	30	31
上	◆		★								◆		★								◆		★								◆
下	▲					Y	♥	!		Y			▲					Y	♥	!		Y			▲					Y	♥

4月

	1	2	3	4	5	6	7	8	9	10	11	12	13	14	15	16	17	18	19	20	21	22	23	24	25	26	27	28	29	30
ゾーン					寿ゾーン「起」の月																									
上		★								◆		★								◆		★								◆
下	!!		Y			▲	◎				Y	♥	!!		Y			▲					Y	♥	!		Y			▲

5月

	1	2	3	4	5	6	7	8	9	10	11	12	13	14	15	16	17	18	19	20	21	22	23	24	25	26	27	28	29	30	31
ゾーン	寿ゾーン「起」の月					寿ゾーン「承」の月																									
上		★								◆		★								◆		★								◆	
下					Y	♥	!		Y			▲					Y	♥	!		Y			▲					Y	♥	!!

6月

	1	2	3	4	5	6	7	8	9	10	11	12	13	14	15	16	17	18	19	20	21	22	23	24	25	26	27	28	29	30
ゾーン	寿ゾーン「承」の月					寿ゾーン「転」の月																								
上	★								◆		★								◆		★								◆	
下		Y			▲	◎				Y	♥	!!		Y			▲					Y	♥	!		Y			▲	

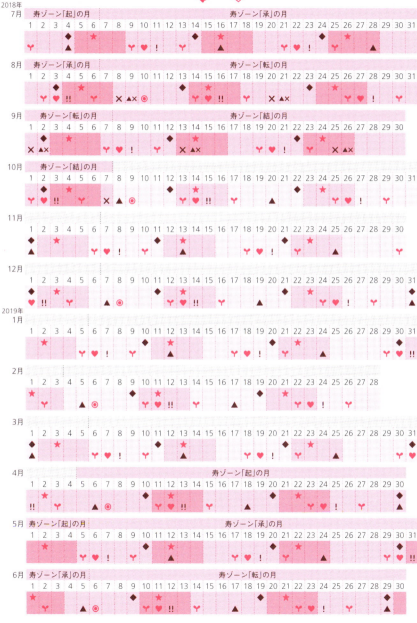

松 21

2018年

7月　寿ゾーン「起」の月（1〜6）　寿ゾーン「承」の月（7〜）

日	1	2	3	4	5	6	7	8	9	10	11	12	13	14	15	16	17	18	19	20	21	22	23	24	25	26	27	28	29	30	31
				◆		★								◆		★								◆		★					
	×	×				▲	Ｙ		!		Ｙ	♥	×	×				▲	Ｙ		!		Ｙ	♥	×	×				▲	Ｙ

8月　寿ゾーン「承」の月（1〜6）　寿ゾーン「転」の月（7〜）

日	1	2	3	4	5	6	7	8	9	10	11	12	13	14	15	16	17	18	19	20	21	22	23	24	25	26	27	28	29	30	31
			◆		★								◆		★								◆		★						
		!		Ｙ	♥	×					▲	Ｙ		!!		Ｙ	♥			◎			▲	Ｙ		!!		Ｙ	♥		

9月　寿ゾーン「転」の月（1〜9）　寿ゾーン「結」の月（10〜）

日	1	2	3	4	5	6	7	8	9	10	11	12	13	14	15	16	17	18	19	20	21	22	23	24	25	26	27	28	29	30
		◆		★								◆		★								◆		★						
				▲	Ｙ		!		Ｙ	♥						▲	Ｙ		!		Ｙ	♥						▲	Ｙ	

10月　寿ゾーン「結」の月（1〜7）

日	1	2	3	4	5	6	7	8	9	10	11	12	13	14	15	16	17	18	19	20	21	22	23	24	25	26	27	28	29	30	31
		◆		★								◆		★								◆		★							
	!		Ｙ	♥						▲	Ｙ		!!		Ｙ	♥			◎			▲	Ｙ		!!		Ｙ	♥			

11月

日	1	2	3	4	5	6	7	8	9	10	11	12	13	14	15	16	17	18	19	20	21	22	23	24	25	26	27	28	29	30
	◆		★								◆		★								◆		★							
			▲	Ｙ		!		Ｙ	♥						▲	Ｙ		!		Ｙ	♥						▲	Ｙ		!

12月

日	1	2	3	4	5	6	7	8	9	10	11	12	13	14	15	16	17	18	19	20	21	22	23	24	25	26	27	28	29	30	31
	◆		★								◆		★								◆		★								◆
		Ｙ	♥						▲	Ｙ		!!		Ｙ	♥			◎			▲	Ｙ		!!		Ｙ	♥				

2019年

1月

日	1	2	3	4	5	6	7	8	9	10	11	12	13	14	15	16	17	18	19	20	21	22	23	24	25	26	27	28	29	30	31
		★								◆		★								◆		★								◆	
		▲	Ｙ		!		Ｙ	♥						▲	Ｙ		!		Ｙ	♥						▲	Ｙ		!		Ｙ

2月

日	1	2	3	4	5	6	7	8	9	10	11	12	13	14	15	16	17	18	19	20	21	22	23	24	25	26	27	28
	★								◆		★								◆		★							
	♥						▲	Ｙ		!!		Ｙ	♥			◎			▲	Ｙ		!!		Ｙ	♥			

3月

日	1	2	3	4	5	6	7	8	9	10	11	12	13	14	15	16	17	18	19	20	21	22	23	24	25	26	27	28	29	30	31
	◆		★								◆		★								◆		★								◆
			▲	Ｙ		!		Ｙ	♥						▲	Ｙ		!		Ｙ	♥						▲	Ｙ		!	

4月　寿ゾーン「起」の月（5〜）

日	1	2	3	4	5	6	7	8	9	10	11	12	13	14	15	16	17	18	19	20	21	22	23	24	25	26	27	28	29	30
		★								◆		★								◆		★								◆
	Ｙ	♥						▲	Ｙ		!!		Ｙ	♥			◎			▲	Ｙ		!!		Ｙ	♥				

5月　寿ゾーン「起」の月（1〜5）　寿ゾーン「承」の月（6〜）

日	1	2	3	4	5	6	7	8	9	10	11	12	13	14	15	16	17	18	19	20	21	22	23	24	25	26	27	28	29	30	31
		★								◆		★								◆		★								◆	
		▲	Ｙ		!		Ｙ	♥						▲	Ｙ		!		Ｙ	♥						▲	Ｙ		!		Ｙ

6月　寿ゾーン「承」の月（1〜5）　寿ゾーン「転」の月（6〜）

日	1	2	3	4	5	6	7	8	9	10	11	12	13	14	15	16	17	18	19	20	21	22	23	24	25	26	27	28	29	30
	★								◆		★								◆		★								◆	
	♥						▲	Ｙ		!!		Ｙ	♥	×	×	◎			▲	Ｙ		!!		Ｙ	♥	×	×			

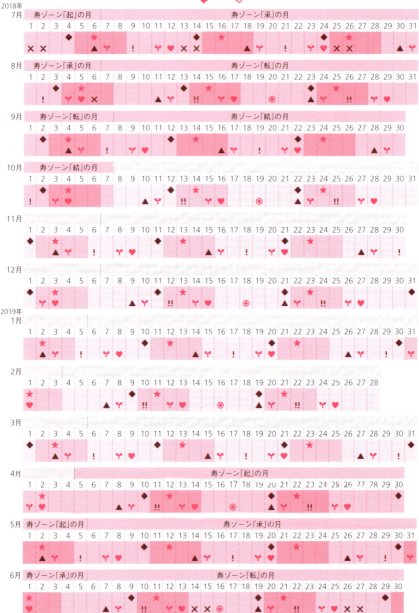

2018年

7月

日	1	2	3	4	5	6	7	8	9	10	11	12	13	14	15	16	17	18	19	20	21	22	23	24	25	26	27	28	29	30	31
	寿ゾーン「起」の月						寿ゾーン「承」の月																								
				◆		★								◆		★								◆		★					
	◎	♥			Y		!!	▲	Y					♥			Y		!	▲	Y					♥			Y		!

8月

日	1	2	3	4	5	6	7	8	9	10	11	12	13	14	15	16	17	18	19	20	21	22	23	24	25	26	27	28	29	30	31
	寿ゾーン「承」の月						寿ゾーン「転」の月																								
			◆		★								◆		★								◆		★						
	▲	Y					♥			Y		!	▲	Y					♥			Y		!!	▲	Y				◎	♥

9月

日	1	2	3	4	5	6	7	8	9	10	11	12	13	14	15	16	17	18	19	20	21	22	23	24	25	26	27	28	29	30
	寿ゾーン「転」の月							寿ゾーン「結」の月																						
		◆		★								◆		★								◆		★						
			Y		!!	▲	Y					♥			Y		!	▲	Y					♥			Y		!	▲

10月

日	1	2	3	4	5	6	7	8	9	10	11	12	13	14	15	16	17	18	19	20	21	22	23	24	25	26	27	28	29	30	31
	寿ゾーン「結」の月																														
		◆		★								◆		★								◆		★							
	Y					♥			Y		!	▲	Y					♥			Y		!!	▲	Y				◎	♥	

11月

日	1	2	3	4	5	6	7	8	9	10	11	12	13	14	15	16	17	18	19	20	21	22	23	24	25	26	27	28	29	30
	◆		★								◆		★								◆		★							
		Y		!!	▲	Y					♥			Y		!	▲	Y					♥			Y		!	▲	Y

12月

日	1	2	3	4	5	6	7	8	9	10	11	12	13	14	15	16	17	18	19	20	21	22	23	24	25	26	27	28	29	30	31
	◆		★								◆		★								◆		★								◆
					♥			Y		!	▲	Y					♥			Y		!!	▲	Y				◎	♥		

2019年

1月

日	1	2	3	4	5	6	7	8	9	10	11	12	13	14	15	16	17	18	19	20	21	22	23	24	25	26	27	28	29	30	31
		★								◆		★								◆		★								◆	
	Y		!!	▲	Y					♥			Y		!	▲	Y					♥			Y		!	▲	Y		

2月

日	1	2	3	4	5	6	7	8	9	10	11	12	13	14	15	16	17	18	19	20	21	22	23	24	25	26	27	28
	★								◆		★								◆		★							
			♥			Y		!	▲	Y					♥			Y		!!	▲	Y				◎	♥	

3月

日	1	2	3	4	5	6	7	8	9	10	11	12	13	14	15	16	17	18	19	20	21	22	23	24	25	26	27	28	29	30	31
	◆		★								◆		★								◆		★								◆
		Y		!!	▲	Y					♥			Y		!	▲	Y					♥			Y		!	▲	Y	

4月

日	1	2	3	4	5	6	7	8	9	10	11	12	13	14	15	16	17	18	19	20	21	22	23	24	25	26	27	28	29	30
					寿ゾーン「起」の月																									
		★								◆		★								◆		★								◆
				♥			Y		!	▲	Y		×	×		♥			Y		!!	▲	Y		×	×	◎	♥		

5月

日	1	2	3	4	5	6	7	8	9	10	11	12	13	14	15	16	17	18	19	20	21	22	23	24	25	26	27	28	29	30	31
	寿ゾーン「起」の月					寿ゾーン「承」の月																									
		★								◆		★								◆		★								◆	
	Y		!!	▲	Y		×	×		♥			Y		!	▲	Y		×	×		♥			Y		!	▲	Y		×

6月

日	1	2	3	4	5	6	7	8	9	10	11	12	13	14	15	16	17	18	19	20	21	22	23	24	25	26	27	28	29	30
	寿ゾーン「承」の月					寿ゾーン「転」の月																								
	★								◆		★								◆		★								◆	
	×		♥			Y		!	▲	Y					♥			Y		!!	▲	Y				◎	♥			Y

2018年 7月 寿ゾーン「起」の月(1日〜6日) 寿ゾーン「承」の月(7日〜)

1	2	3	4	5	6	7	8	9	10	11	12	13	14	15	16	17	18	19	20	21	22	23	24	25	26	27	28	29	30	31
			◆		★								◆		★								◆		★					
		Y	♥	!!		Y			▲	◎				Y	♥	!!		Y			▲					Y	♥	!		Y

8月 寿ゾーン「承」の月(1日〜6日) 寿ゾーン「転」の月(7日〜)

1	2	3	4	5	6	7	8	9	10	11	12	13	14	15	16	17	18	19	20	21	22	23	24	25	26	27	28	29	30	31
		◆		★								◆		★								◆		★						
		▲					Y	♥	!		Y			▲					Y	♥	!			Y		▲				

9月 寿ゾーン「転」の月(1日〜7日) 寿ゾーン「結」の月(8日〜)

1	2	3	4	5	6	7	8	9	10	11	12	13	14	15	16	17	18	19	20	21	22	23	24	25	26	27	28	29	30
	◆		★								◆		★								◆		★						
Y	♥	!!		Y			▲	◎				Y	♥	!!		Y			▲					Y	♥	!		Y	

10月 寿ゾーン「結」の月(1日〜7日)

1	2	3	4	5	6	7	8	9	10	11	12	13	14	15	16	17	18	19	20	21	22	23	24	25	26	27	28	29	30	31
	◆		★								◆		★								◆		★							
	▲					Y	♥	!		Y			▲					Y	♥	!		Y			▲					Y

11月

1	2	3	4	5	6	7	8	9	10	11	12	13	14	15	16	17	18	19	20	21	22	23	24	25	26	27	28	29	30
◆		★								◆		★								◆		★							
♥	!!		Y			▲	◎				Y	♥	!!		Y			▲					Y	♥	!		Y		

12月

1	2	3	4	5	6	7	8	9	10	11	12	13	14	15	16	17	18	19	20	21	22	23	24	25	26	27	28	29	30	31
◆		★								◆		★								◆		★								◆
▲					Y	♥	!		Y			▲					Y	♥	!		Y			▲					Y	♥

2019年 1月

1	2	3	4	5	6	7	8	9	10	11	12	13	14	15	16	17	18	19	20	21	22	23	24	25	26	27	28	29	30	31
	★								◆		★								◆		★								◆	
!!		Y			▲	◎				Y	♥	!!		Y			▲					Y	♥	!		Y			▲	

2月

1	2	3	4	5	6	7	8	9	10	11	12	13	14	15	16	17	18	19	20	21	22	23	24	25	26	27	28
★								◆		★								◆		★							
			Y	♥	!		Y		×	▲×						Y	♥	!		Y	×	▲×					Y

3月

1	2	3	4	5	6	7	8	9	10	11	12	13	14	15	16	17	18	19	20	21	22	23	24	25	26	27	28	29	30	31
◆		★								◆		★								◆		★								◆
♥	!!		Y		×	▲×	◎				Y	♥	!!		Y		×	▲×					Y	♥	!		Y		×	▲×

4月 寿ゾーン「起」の月(5日〜)

1	2	3	4	5	6	7	8	9	10	11	12	13	14	15	16	17	18	19	20	21	22	23	24	25	26	27	28	29	30
	★								◆		★								◆		★								◆
				Y	♥	!		Y			▲					Y	♥	!		Y			▲					Y	♥

5月 寿ゾーン「起」の月(1日〜5日) 寿ゾーン「承」の月(6日〜)

1	2	3	4	5	6	7	8	9	10	11	12	13	14	15	16	17	18	19	20	21	22	23	24	25	26	27	28	29	30	31
	★								◆		★								◆		★								◆	
!!		Y			▲	◎				Y	♥	!!		Y			▲					Y	♥	!		Y			▲	

6月 寿ゾーン「承」の月(1日〜5日) 寿ゾーン「転」の月(6日〜)

1	2	3	4	5	6	7	8	9	10	11	12	13	14	15	16	17	18	19	20	21	22	23	24	25	26	27	28	29	30
★								◆		★								◆		★								◆	
			Y	♥	!		Y			▲					Y	♥	!		Y			▲					Y	♥	!!

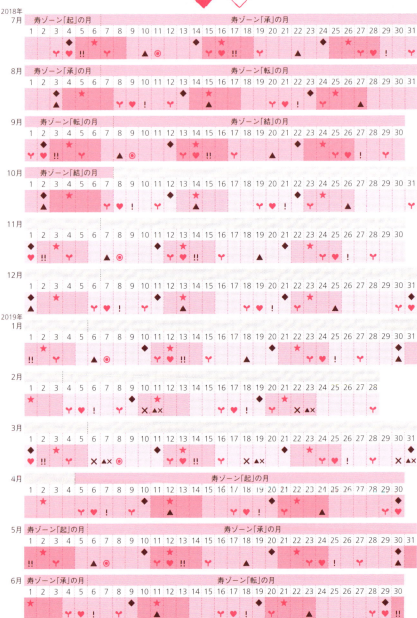

松 51

2018年 7月

寿ゾーン「起」の月						寿ゾーン「承」の月																								
1	2	3	4	5	6	7	8	9	10	11	12	13	14	15	16	17	18	19	20	21	22	23	24	25	26	27	28	29	30	31
			◆		★								◆		★								◆		★					
Y		!		Y	♥						▲	Y		!!		Y	♥			◎			▲	Y		!!		Y	♥	

8月

寿ゾーン「承」の月						寿ゾーン「転」の月																								
1	2	3	4	5	6	7	8	9	10	11	12	13	14	15	16	17	18	19	20	21	22	23	24	25	26	27	28	29	30	31
		◆		★								◆		★								◆		★						
				▲	Y		!		Y	♥						▲	Y		!		Y	♥						▲	Y	

9月

寿ゾーン「転」の月							寿ゾーン「結」の月																						
1	2	3	4	5	6	7	8	9	10	11	12	13	14	15	16	17	18	19	20	21	22	23	24	25	26	27	28	29	30
	◆		★								◆		★								◆		★						
!		Y	♥						▲	Y		!!		Y	♥			◎			▲	Y		!!		Y	♥		

10月

寿ゾーン「結」の月																														
1	2	3	4	5	6	7	8	9	10	11	12	13	14	15	16	17	18	19	20	21	22	23	24	25	26	27	28	29	30	31
	◆		★								◆		★								◆		★							
			▲	Y		!		Y	♥						▲	Y		!		Y	♥						▲	Y		!

11月

1	2	3	4	5	6	7	8	9	10	11	12	13	14	15	16	17	18	19	20	21	22	23	24	25	26	27	28	29	30
◆		★								◆		★								◆		★							
	Y	♥						▲	Y		!!		Y	♥			◎			▲	Y		!!		Y	♥			

12月

1	2	3	4	5	6	7	8	9	10	11	12	13	14	15	16	17	18	19	20	21	22	23	24	25	26	27	28	29	30	31
◆		★								◆		★								◆		★								◆
		▲	Y		!		Y	♥	×	×				▲	Y		!		Y	♥	×	×				▲	Y		!	

2019年 1月

1	2	3	4	5	6	7	8	9	10	11	12	13	14	15	16	17	18	19	20	21	22	23	24	25	26	27	28	29	30	31
	★								◆		★								◆		★								◆	
Y	♥	×	×				▲	Y		!!		Y	♥	×	×	◎			▲	Y		!!		Y	♥	×	×			

2月

1	2	3	4	5	6	7	8	9	10	11	12	13	14	15	16	17	18	19	20	21	22	23	24	25	26	27	28
★								◆		★								◆		★							
▲	Y		!		Y	♥						▲	Y		!		Y	♥						▲	Y		!

3月

1	2	3	4	5	6	7	8	9	10	11	12	13	14	15	16	17	18	19	20	21	22	23	24	25	26	27	28	29	30	31
◆		★								◆		★								◆		★								◆
	Y	♥						▲	Y		!!		Y	♥			◎			▲	Y		!!		Y	♥				

4月

				寿ゾーン「起」の月																									
1	2	3	4	5	6	7	8	9	10	11	12	13	14	15	16	17	18	19	20	21	22	23	24	25	26	27	28	29	30
	★								◆		★								◆		★								◆
	▲	Y		!		Y	♥						▲	Y		!		Y	♥						▲	Y		!	

5月

寿ゾーン「起」の月					寿ゾーン「承」の月																									
1	2	3	4	5	6	7	8	9	10	11	12	13	14	15	16	17	18	19	20	21	22	23	24	25	26	27	28	29	30	31
	★								◆		★								◆		★								◆	
Y	♥						▲	Y		!!		Y	♥			◎			▲	Y		!!		Y	♥					

6月

寿ゾーン「承」の月					寿ゾーン「転」の月																								
1	2	3	4	5	6	7	8	9	10	11	12	13	14	15	16	17	18	19	20	21	22	23	24	25	26	27	28	29	30
★								◆		★								◆		★								◆	
▲	Y		!		Y	♥						▲	Y		!		Y	♥						▲	Y		!		Y

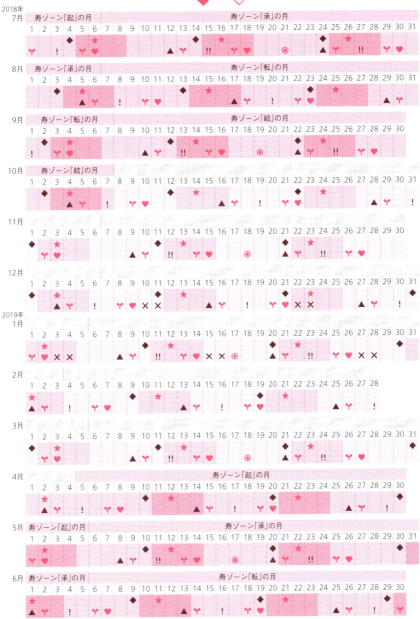

松1の人の年間運勢

2018年2月立春から、待望の4年間の寿ゾーンがスタート。2018年は寿ゾーン「起の年」、2019年は「承の年」でピカピカの出会い運とモテ運が待っています。中でも2018年6月6日〜10月7日と2019年4月5日〜8月7日の期間は月運のW寿ゾーンも重なり、恋愛や結婚は大きく動く予感。ただ、松1の人は、寿ゾーンと共に現在、2年間の年運の天中殺も巡っています。天中殺は、普段とは違うイレギュラーの運気を生きる時期。いつもなら関わらない世界に住む相手と出会い、一気に盛り上がり、まさに電撃婚もある年です。ただし天中殺運が終わる2020年に互いの関係や環境に必ず変化があるので、そこでの再調整が必要になります。それさえ忘れなければ、恋愛と結婚をテコに別世界に羽ばたいてみるのもよいでしょう。

松11の人の年間運勢

2018年2月立春に、2年間の年運の天中殺が終了。同時に、4年間の寿ゾーンに突入しました。これは、まさに心機一転して新たな世界を目指すべきタイミング。最近、急に仕事やプライベートで環境が変わった人、今までのこだわりが消え、心が軽くなった人も多いはず。それこそが幸せとの出会いの兆しです。寿ゾーン「起の年」の2018年は古い服を脱ぎ捨てるように過去を捨ててOK。6月6日〜10月7日のW寿ゾーンの時期に未来を開く出会いが次々とやってきます。もし交際中の彼が煮え切らないなら、2018年中に見極めて、寿ゾーン「承の年」の2019年4月5日〜8月7日のW寿ゾーンに次の出会いを探して。また昨年、決断したことに予想外の変化があれば、2018年10月に手放すものは手放しリスタートしましょう。

松21の人の年間運勢

2018年立春から寿ゾーンが始まり、今年は寿ゾーン「起の年」。これから、まだ4年もあるようですが、2019年と比べると運気的には2018年のほうが高め。今、恋愛&結婚についてもできることは先に延ばさず、すぐに行動に移すべき。特に現在、交際中の彼氏がいるなら、互いの家族に会う、紹介したりして外堀から埋めていく作戦で年内にゴールインを目指しましょう。そのためにも6月6日〜10月7日のW寿ゾーンの時期に積極的に動いて。片思いの男性へのアタックや新たな出会いを求める行動もここで。結婚が難しい男性との関係などダメな恋はしばらく頑張って、無理そうなら2019年4月5日〜8月7日のW寿ゾーンには諦めて別の恋へと方針転換をするくらい、この時期は時間を区切った婚活などで結果が出ます。

松 31の人の年間運勢

2018年立春から寿ゾーンが始まりましたが、今回の寿ゾーンの4年間の中でも一番の出会いや発展運に恵まれるのは今年2018年「起の年」です。特に6月6日〜10月7日までのW寿ゾーンは滅多にないモテ期です。中でも7月7日〜8月6日には運命的な出会いもある暗示も。同時にここで仕事運も上昇して忙しくなりますが、片方に偏ることなく、婚活や恋愛にも、仕事と同じくらいパワーを振り分け、欲しいものを両手につかむ意識で頑張ってみましょう。ダメ元のアタックも繰り返せば、10月に重い扉が開くことも。寿ゾーン「承の年」の2019年も好調ですが、そこで得られるものの大きさやレベルは2018年の努力と勝負が決めるので、2018年は欲しいものをストレートに求めていきましょう。

松 41の人の年間運勢

2018年立春から4年間の寿ゾーンが始まりましたが、あなたの場合、2018年は同時に強い変化運が巡ってきています。年の前半に、これまでの転職や異動、引っ越しや家族内の変化、そして長く続いた恋との別離など生活に変化があった人も多いかも。そんな人ほど失ったものを埋め合わせるように6月6日〜10月7日までのW寿ゾーンにうれしい話が次々とやってきます。新しい恋が始まったり、大きな仕事が入ってきたり。特に8月7日〜10月7日は滅多にないモテ期で理想の異性との出会いもあるかも。もし、そこまでに何の変化もない場合は10月から生活に思い切って変化を与えてみると、2019年寿ゾーン「承の年」の4月5日〜8月7日のW寿ゾーンに、その決断がハッピーな結果をきっと運んでくるでしょう。

松 51の人の年間運勢

2018年立春から4年間の寿ゾーンが始まりましたが、今回の寿ゾーンは、後半2年が年運の天中殺と重なってしまいます。天中殺は不運な時期とはいいきれませんが、自分で運気がコントロールできない状況になることが多いので、恋愛や結婚、就職なども含め自分の意思で進めたいことは2018〜2019年のうちに自主的な判断で決めたほうが無難。特に今年6月6日〜10月7日のW寿ゾーンの時期にはうれしい出会いもあれば、恋愛成就の運気も高まります。もし、最近、パッとしない気分なら8月7日〜9月7日に携帯の機種変、髪型を変える、引っ越しをするなどささやかでも生活に変化を取り入れると、次の2019年4月5日〜8月6日のW寿ゾーンにはあなたの望むような出会いや運気の充実を呼び込めるでしょう。

竹

KOTOBUKI ZONE

TAKE

冬でも枯れない常緑樹であり、曲げても簡単には折れない柔軟性を持つ竹。そんな竹のようなしぶとさと強さを秘めているのがあなたです。風にそよぐ竹のように、ソフトで優しい印象のあなたは一見、頼りなげですが、メンタルは見かけよりずっとしなやかで強靱《きょうじん》。踏まれても折られても、なかなかポッキリとはいかず、すぐに元に戻り、時期を見てまたひょっこりと別の場所から芽を出すようなしたたかさを秘めています。

竹が1本ではなく竹林となったほうが存在感を持つように、人と連帯、協調することで運を伸ばします。空気を読み、現実をわきまえて、自分の場とポジションを見つけていくリアリストです。味方を本能的に見つける能力も高いのですが、反面、意図せずに人を利用するようなことになったり、集団の中に埋没してしまう傾向も。人に頼りすぎず、自分自身が目的意識を持って、よき仲間を得ることで自分らしい人生を歩めます。

竹の人の恋愛と結婚

優しくてどんな人とも仲良くなれるし、あなた自身も寂しがり屋で常に恋を求めているので、恋のチャンスは多いはず。仲間といたほうが自分の魅力を発揮できて、周囲の支えも得られるため、出会いを求めるなら新たな友達作りからスタートするといいでしょう。友達や同僚と絆を深めたり、趣味のサークルに参加したりすると、そこでいい出会いがあったり、人からの紹介で交際が始まったりすることも多そうです。

相手に引っ張っていってもらいたい願望があり、交際が始まるとすべて相手にお任せ状態に。結婚後も、パートナーの後をついていくような、依存度の高い関係になります。でもあなたは、そんな自分を受け入れてくれる正直で行動力のある異性を本能的に探せるし、振り向かせることも得意。時には、俺様な相手に振り回されて悩むことがあっても、結果的に幸せなのです。

良くも悪くも柔軟なので、相手があなたの恋愛に積極的でないと、関係が停滞したり、途切れてしまったりする危険が。また、交際が進むと自然に友達のような関係になりやすく、結婚への一歩が踏み出せないカップルも。モテてるのに縁が長続きしない、恋が進展しにくいのが、竹の人の恋愛の難点でしょう。

竹の人の仕事とお金

竹の人は、自分に与えられた環境の中から有益な人脈、活躍できるポジションを本能的に見つけることができる人。そのためには横のつながりも大事にするし、妥協もできて、裏方に回ることも嫌がりません。そうして穏やかに周囲と和合し、個性を生かしながらやりたい仕事に粘り強くチャレンジして結果を残していきます。

連携したり協調したりするのが得意なので、人を束ねるリーダー的な役割は適任。人に合わせるしなやかさとしぶとさもあるので、交渉ごとでも才能を発揮します。ただ、依頼心も強いほうなので、結果的に集まってくれた人を利用したり、集団の中で埋没して終わったりする恐れも。人任せではなく、自分自身で目的を持ち、仲間とともに成功を目指す気持ちを持つことが成功につながります。

豊かなお金の運気も人間関係からもたらされます。ファイナンシャルプランナーなどの、お金に関する知識を持つ人と仲良くして情報収集をしましょう。金運のある人の資産運用、貯蓄、節約法などを真似てみるのも有効です。もし、金運のある人と、仕事やプライベートで協力し合えることがあるなら、積極的に関わって。あなたもその運の恩恵を受けられるかもしれません。

竹の人の開運ポイント

持って生まれた協調性と人あたりのよさは、あなたの大きな〝武器〟です。開運のコツは、ズバリ、敵を作らないこと。時には、八方美人に思われても、誰でも、次にどこかで会ったときには挨拶できるくらいの付き合い方をしておきましょう。

本来、それができるのが竹タイプのあなたです。あなたにとっては人脈や人間関係が財産。地上では枯れても、地下でしっかり根を張っている竹のように、目立たない所でも、したたかにつないだ人間関係が、思いがけないときに芽吹いて役に立ったり、助けられたり、幸運を運びます。その意味で、連絡、報告、お礼、謝罪などはとても大事です。

とはいえ人間関係が巧みすぎて、派閥争い的なものに巻き込まれることも多い竹タイプ。どうしても合わない、つらい場に身を置くことになったら、別の自分に合う環境と関係を求め、新たに仲間づくりに励みましょう。

また、人に合わせるばかりで、いつも脇役の気分を味わうことも多いかも。でも、ちゃんと相手の望むことをキャッチして、それに合わせていれば、その人たちはあなたが必要なときは必ず、あなたを盛り立て主役にしてくれます。よき仲間や友人あってこそ、あなたは自分らしい幸運に出会えるのです。

2018年

7月	1	2	3	4	5	6	7	8	9	10	11	12	13	14	15	16	17	18	19	20	21	22	23	24	25	26	27	28	29	30	31
	寿ゾーン「起」の月						寿ゾーン「承」の月																								
			◆				★						◆				★						◆			★					
	▲	!		Y	×	×	♥					Y	▲	!		Y	×	×	♥					Y	▲	!!		Y	×	×	♥

8月	1	2	3	4	5	6	7	8	9	10	11	12	13	14	15	16	17	18	19	20	21	22	23	24	25	26	27	28	29	30	31
	寿ゾーン「承」の月						寿ゾーン「転」の月																								
		◆				★						◆				★						◆				★					
	◎				Y	▲	!!		Y	×	×	♥					Y	▲	!		Y	×	×	♥					Y	▲	!

9月	1	2	3	4	5	6	7	8	9	10	11	12	13	14	15	16	17	18	19	20	21	22	23	24	25	26	27	28	29	30
	寿ゾーン「転」の月							寿ゾーン「結」の月																						
	◆				★						◆				★						◆				★					
		Y	×	×	♥					Y	▲	!		Y	×	×	♥					Y	▲	!!		Y	×	×	♥	◎

10月	1	2	3	4	5	6	7	8	9	10	11	12	13	14	15	16	17	18	19	20	21	22	23	24	25	26	27	28	29	30	31
	寿ゾーン「結」の月																														
	◆				★						◆				★						◆				★						◆
				Y	▲	!!		Y	✱	✱	♥					Y	▲	!		Y	✱	✱	♥					Y	▲	!	

11月	1	2	3	4	5	6	7	8	9	10	11	12	13	14	15	16	17	18	19	20	21	22	23	24	25	26	27	28	29	30
				★						◆				★						◆				★						◆
	Y	✱	✱	♥					Y	▲	!		Y	✱	✱	♥					Y	▲	!!		Y	✱	✱	♥	◎	

12月	1	2	3	4	5	6	7	8	9	10	11	12	13	14	15	16	17	18	19	20	21	22	23	24	25	26	27	28	29	30	31
				★						◆				★						◆				★						◆	
			Y	▲	!!		Y	×	×	♥					Y	▲	!		Y	×	×	♥					Y	▲	!		Y

2019年

1月	1	2	3	4	5	6	7	8	9	10	11	12	13	14	15	16	17	18	19	20	21	22	23	24	25	26	27	28	29	30	31
			★						◆				★						◆				★						◆		
	×	×	♥					Y	▲	!		Y	×	×	♥					Y	▲	!!		Y	×	×	♥	◎			

2月	1	2	3	4	5	6	7	8	9	10	11	12	13	14	15	16	17	18	19	20	21	22	23	24	25	26	27	28
		★						◆				★						◆				★						◆
	Y	▲	!!		Y	×	×	♥					Y	▲	!		Y	×	×	♥					Y	▲	!	

3月	1	2	3	4	5	6	7	8	9	10	11	12	13	14	15	16	17	18	19	20	21	22	23	24	25	26	27	28	29	30	31
				★						◆				★						◆				★						◆	
	Y	×	×	♥					Y	▲	!		Y	×	×	♥					Y	▲	!!		Y	×	×	♥	◎		

4月	1	2	3	4	5	6	7	8	9	10	11	12	13	14	15	16	17	18	19	20	21	22	23	24	25	26	27	28	29	30
					寿ゾーン「起」の月																									
			★						◆				★						◆				★						◆	
		Y	▲	!!		Y	×	×	♥					Y	▲	!		Y	×	×	♥					Y	▲	!		Y

5月	1	2	3	4	5	6	7	8	9	10	11	12	13	14	15	16	17	18	19	20	21	22	23	24	25	26	27	28	29	30	31
	寿ゾーン「起」の月					寿ゾーン「承」の月																									
			★						◆				★						◆				★						◆		
	×	×	♥					Y	▲	!		Y	×	×	♥					Y	▲	!!		Y	×	×	♥	◎			

6月	1	2	3	4	5	6	7	8	9	10	11	12	13	14	15	16	17	18	19	20	21	22	23	24	25	26	27	28	29	30
	寿ゾーン「承」の月					寿ゾーン「転」の月																								
		★						◆				★						◆				★						◆		
	Y	▲	!!		Y	×	×	♥					Y	▲	!		Y	×	×	♥					Y	▲	!		Y	×

竹 12

2018年

7月 寿ゾーン「起」の月（1〜6）／寿ゾーン「承」の月（7〜）

1	2	3	4	5	6	7	8	9	10	11	12	13	14	15	16	17	18	19	20	21	22	23	24	25	26	27	28	29	30	31
		◆				★						◆				★						◆				★				
	Y	▲						♥	Y		!		Y	▲						♥	Y		!		Y	▲				

8月 寿ゾーン「承」の月（1〜7）／寿ゾーン「転」の月（8〜）

1	2	3	4	5	6	7	8	9	10	11	12	13	14	15	16	17	18	19	20	21	22	23	24	25	26	27	28	29	30	31
	◆				★						◆				★						◆				★					
	♥	Y		!!		Y	▲×	×		◎			♥	Y		!!		Y	▲×	×					♥	Y		!		Y

9月 寿ゾーン「転」の月（1〜7）／寿ゾーン「結」の月（8〜）

1	2	3	4	5	6	7	8	9	10	11	12	13	14	15	16	17	18	19	20	21	22	23	24	25	26	27	28	29	30
◆				★						◆				★						◆				★					
▲×	×					♥	Y		!		Y	▲×	×					♥	Y		!		Y	▲×	×				

10月 寿ゾーン「結」の月（1〜7）

1	2	3	4	5	6	7	8	9	10	11	12	13	14	15	16	17	18	19	20	21	22	23	24	25	26	27	28	29	30	31
◆				★						◆				★						◆				★						◆
♥	Y		!!		Y	▲×			◎			♥	Y		!!		Y	▲						♥	Y		!		Y	▲

11月

1	2	3	4	5	6	7	8	9	10	11	12	13	14	15	16	17	18	19	20	21	22	23	24	25	26	27	28	29	30
			★						◆				★						◆				★						◆
					♥	Y		!		Y	▲						♥	Y		!		Y	▲						♥

12月

1	2	3	4	5	6	7	8	9	10	11	12	13	14	15	16	17	18	19	20	21	22	23	24	25	26	27	28	29	30	31
			★						◆				★						◆				★						◆	
Y		!!		Y	▲			◎			♥	Y		!!		Y	▲						♥	Y		!		Y	▲	

2019年

1月

1	2	3	4	5	6	7	8	9	10	11	12	13	14	15	16	17	18	19	20	21	22	23	24	25	26	27	28	29	30	31
		★						◆				★						◆				★						◆		
				♥	Y		!		Y	▲						♥	Y		!		Y	▲						♥	Y	

2月

1	2	3	4	5	6	7	8	9	10	11	12	13	14	15	16	17	18	19	20	21	22	23	24	25	26	27	28
	★						◆				★						◆				★						◆
!!		Y	▲			◎			♥	Y		!!		Y	▲						♥	Y		!		Y	▲

3月

1	2	3	4	5	6	7	8	9	10	11	12	13	14	15	16	17	18	19	20	21	22	23	24	25	26	27	28	29	30	31
			★						◆				★						◆				★						◆	
					♥	Y		!		Y	▲						♥	Y		!		Y	▲						♥	Y

4月 寿ゾーン「起」の月（5〜）

1	2	3	4	5	6	7	8	9	10	11	12	13	14	15	16	17	18	19	20	21	22	23	24	25	26	27	28	29	30
		★						◆				★						◆				★						◆	
	!!		Y	▲			◎			♥	Y		!!		Y	▲						♥	Y		!		Y	▲	

5月 寿ゾーン「起」の月（1〜5）／寿ゾーン「承」の月（6〜）

1	2	3	4	5	6	7	8	9	10	11	12	13	14	15	16	17	18	19	20	21	22	23	24	25	26	27	28	29	30	31
		★						◆				★						◆				★						◆		
				♥	Y		!		Y	▲						♥	Y		!		Y	▲						♥	Y	

6月 寿ゾーン「承」の月（1〜5）／寿ゾーン「転」の月（6〜）

1	2	3	4	5	6	7	8	9	10	11	12	13	14	15	16	17	18	19	20	21	22	23	24	25	26	27	28	29	30
	★						◆				★						◆				★						◆		
!!		Y	▲			◎			♥	Y		!!		Y	▲						♥	Y		!		Y	▲		

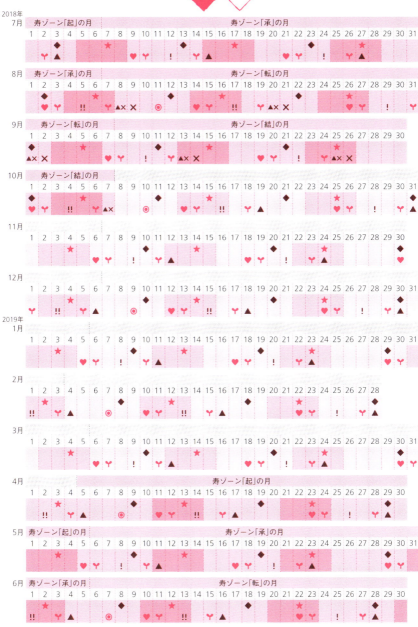

2018年

7月　寿ゾーン「起」の月（1〜6日）／寿ゾーン「承」の月（7〜31日）

1	2	3	4	5	6	7	8	9	10	11	12	13	14	15	16	17	18	19	20	21	22	23	24	25	26	27	28	29	30	31
		◆				★						◆				★						◆				★				
×	×			▲			Y		!	♥	Y	×	×			▲			Y		!	♥	Y	×	×			▲		

8月　寿ゾーン「承」の月（1〜6日）／寿ゾーン「転」の月（7〜31日）

1	2	3	4	5	6	7	8	9	10	11	12	13	14	15	16	17	18	19	20	21	22	23	24	25	26	27	28	29	30	31
	◆				★						◆				★						◆				★					
Y		!	♥	Y	×				▲			Y		!!	♥	Y				◎	▲			Y		!!	♥	Y		

9月　寿ゾーン「転」の月（1〜7日）／寿ゾーン「結」の月（8〜30日）

1	2	3	4	5	6	7	8	9	10	11	12	13	14	15	16	17	18	19	20	21	22	23	24	25	26	27	28	29	30
◆				★						◆				★						◆				★					
		▲			Y		!	♥	Y					▲			Y		!	♥	Y					▲			Y

10月　寿ゾーン「結」の月（1〜7日）

1	2	3	4	5	6	7	8	9	10	11	12	13	14	15	16	17	18	19	20	21	22	23	24	25	26	27	28	29	30	31
◆				★						◆				★						◆				★						◆
	!	♥	Y					▲			Y		!!	♥	Y				◎	▲			Y		!!	♥	Y			

11月

1	2	3	4	5	6	7	8	9	10	11	12	13	14	15	16	17	18	19	20	21	22	23	24	25	26	27	28	29	30
			★						◆				★						◆				★						◆
	▲			Y		!	♥	Y					▲			Y		!	♥	Y						▲		Y	

12月

1	2	3	4	5	6	7	8	9	10	11	12	13	14	15	16	17	18	19	20	21	22	23	24	25	26	27	28	29	30	31
			★						◆				★						◆				★						◆	
!	♥	Y					▲			Y		!!	♥	Y				◎	▲			Y		!!	♥	Y				

2019年

1月

1	2	3	4	5	6	7	8	9	10	11	12	13	14	15	16	17	18	19	20	21	22	23	24	25	26	27	28	29	30	31
		★						◆				★						◆				★						◆		
▲			Y		!	♥	Y					▲			Y		!	♥	Y					▲			Y		!	♥

2月

1	2	3	4	5	6	7	8	9	10	11	12	13	14	15	16	17	18	19	20	21	22	23	24	25	26	27	28
	★						◆				★						◆				★						◆
Y					▲			Y		!!	♥	Y				◎	▲			Y		!!	♥	Y			

3月

1	2	3	4	5	6	7	8	9	10	11	12	13	14	15	16	17	18	19	20	21	22	23	24	25	26	27	28	29	30	31
			★						◆				★						◆				★						◆	
	▲			Y		!	♥	Y					▲			Y		!	♥	Y					▲			Y		!

4月　寿ゾーン「起」の月（5〜30日）

1	2	3	4	5	6	7	8	9	10	11	12	13	14	15	16	17	18	19	20	21	22	23	24	25	26	27	28	29	30
		★						◆				★						◆				★						◆	
♥	Y					▲			Y		!!	♥	Y				◎	▲			Y		!!	♥	Y				

5月　寿ゾーン「起」の月（1〜5日）／寿ゾーン「承」の月（6〜31日）

1	2	3	4	5	6	7	8	9	10	11	12	13	14	15	16	17	18	19	20	21	22	23	24	25	26	27	28	29	30	31
		★						◆				★						◆				★						◆		
▲			Y		!	♥	Y					▲			Y		!	♥	Y					▲			Y		!	♥

6月　寿ゾーン「承」の月（1〜5日）／寿ゾーン「転」の月（6〜30日）

1	2	3	4	5	6	7	8	9	10	11	12	13	14	15	16	17	18	19	20	21	22	23	24	25	26	27	28	29	30
	★						◆				★						◆				★						◆		
Y					▲			Y		!!	♥	Y	×	×		◎	▲			Y		!!	♥	Y	×	×			▲

竹

竹 32

2018年7月：寿ゾーン「起」の月（1〜6日）／寿ゾーン「承」の月（7〜31日）
8月：寿ゾーン「承」の月（1〜6日）／寿ゾーン「転」の月（7〜31日）
9月：寿ゾーン「転」の月（1〜7日）／寿ゾーン「結」の月（8〜30日）
10月：寿ゾーン「結」の月（1〜7日）
2019年4月：寿ゾーン「起」の月（5〜30日）
5月：寿ゾーン「起」の月（1〜5日）／寿ゾーン「承」の月（6〜31日）
6月：寿ゾーン「承」の月（1〜5日）／寿ゾーン「転」の月（6〜30日）

日	2018年7月	8月	9月	10月	11月	12月	2019年1月	2月	3月	4月	5月	6月
1	♥	!	◆	◆		Y						✕
2		◆		Y			Y	★♥			Y	★♥
3	◆	Y			Y		★▲		Y	★♥	★▲	
4			Y		★▲	★♥	!!		★▲		!!	
5			★▲	★♥	!!				!!			
6	Y	★♥	!!				Y				Y	
7	★▲				Y			Y	Y		✕	Y
8	!!		Y					◆▲		Y	✕	◆▲
9						Y	◆♥	!		◆▲	◆♥	!
10	Y			Y	◆♥	◆▲			◆♥	!		
11		Y	◆♥	◆▲		!		Y				Y
12		◆▲		!				★		Y		★
13	◆♥	!				Y	★			★✕	★	
14					★	★	Y	♥	★	✕	Y	♥
15		Y	★	★Y	Y		▲		Y	♥	▲	
16		★	Y		▲	♥	!		▲		!	
17	★		▲	♥	!				!			
18	Y	♥	!				Y	◆			Y	◆
19	▲				Y		◆	Y	Y	◆	◆✕	Y
20	!		Y		◆	◆		▲	◆	Y	✕	▲
21			◆	◆		Y	♥	!!		▲	♥	!!
22	Y	◆		Y	♥	▲		★	♥	!!		★
23	◆	Y	♥	▲		!!	★	Y		★Y	★	Y
24		▲		!!	★	★			★	✕		
25	♥	!!	★	★		Y				✕		
26		★		Y			Y	♥		♥	Y	♥
27	★	Y			Y		▲	◎	Y	◎	▲	◎
28			Y		▲	♥	!	◆	▲		!	◆
29			▲	♥	!	◎	◆		!	◆	◆	
30	Y	♥	!	◎	◆	◆	Y		◆		Y	
31	▲	◎		◆					Y		✕	

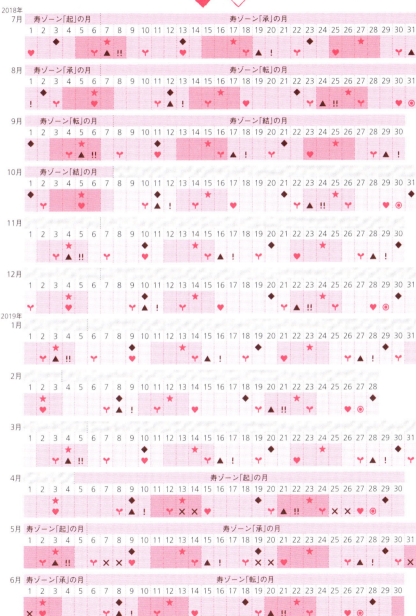

2018年

7月 寿ゾーン「起」の月（1〜6日） 寿ゾーン「承」の月（7〜31日）

1	2	3	4	5	6	7	8	9	10	11	12	13	14	15	16	17	18	19	20	21	22	23	24	25	26	27	28	29	30	31
		◆ ♥	Y		!!	★	Y	▲			◎	◆		♥	Y	★	!!		Y	▲		◆				★ ♥	Y		!	

8月 寿ゾーン「承」の月（1〜6日） 寿ゾーン「転」の月（7〜31日）

1	2	3	4	5	6	7	8	9	10	11	12	13	14	15	16	17	18	19	20	21	22	23	24	25	26	27	28	29	30	31
Y	◆ ▲				★		♥	Y		!	◆	Y	▲		★				♥	Y	◆	!		Y	★ ▲					

9月 寿ゾーン「転」の月（1〜7日） 寿ゾーン「結」の月（8〜30日）

1	2	3	4	5	6	7	8	9	10	11	12	13	14	15	16	17	18	19	20	21	22	23	24	25	26	27	28	29	30
◆ ♥	Y		!!	★	Y	▲			◎	◆		♥	Y	★	!!		Y	▲		◆				★ ♥	Y		!		Y

10月 寿ゾーン「結」の月（1〜7日）

1	2	3	4	5	6	7	8	9	10	11	12	13	14	15	16	17	18	19	20	21	22	23	24	25	26	27	28	29	30	31
◆ ▲				★		♥	Y		!	◆	Y	▲		★				♥	Y	◆	!		Y	★ ▲						◆ ♥

11月

1	2	3	4	5	6	7	8	9	10	11	12	13	14	15	16	17	18	19	20	21	22	23	24	25	26	27	28	29	30
Y		!!	★	Y	▲			◎	◆		♥	Y	★	!!		Y	▲		◆				★ ♥	Y		!		Y	◆ ▲

12月

1	2	3	4	5	6	7	8	9	10	11	12	13	14	15	16	17	18	19	20	21	22	23	24	25	26	27	28	29	30	31
			★		♥	Y		!	◆	Y	▲		★				♥	Y	◆	!		Y	★ ▲						◆ ♥	Y

2019年

1月

1	2	3	4	5	6	7	8	9	10	11	12	13	14	15	16	17	18	19	20	21	22	23	24	25	26	27	28	29	30	31
	!!	★	Y	▲			◎	◆		♥	Y	★	!!		Y	▲		◆				★ ♥	Y		!		Y	◆ ▲		

2月

1	2	3	4	5	6	7	8	9	10	11	12	13	14	15	16	17	18	19	20	21	22	23	24	25	26	27	28
	★		♥	Y		!	◆	Y	▲×	×	★				♥	Y	◆	!		Y	★ ▲×	×					◆ ♥

3月

1	2	3	4	5	6	7	8	9	10	11	12	13	14	15	16	17	18	19	20	21	22	23	24	25	26	27	28	29	30	31
Y		!!	★	Y	▲×	×		◎	◆		♥	Y	★	!!		Y	▲×	×	◆				★ ♥	Y		!		Y	◆ ▲×	×

4月 寿ゾーン「起」の月（5〜30日）

1	2	3	4	5	6	7	8	9	10	11	12	13	14	15	16	17	18	19	20	21	22	23	24	25	26	27	28	29	30
		★		♥	Y		!	◆	Y	▲		★				♥	Y	◆	!		Y	★ ▲						◆ ♥	Y

5月 寿ゾーン「起」の月（1〜5日） 寿ゾーン「承」の月（6〜31日）

1	2	3	4	5	6	7	8	9	10	11	12	13	14	15	16	17	18	19	20	21	22	23	24	25	26	27	28	29	30	31
	!!	★	Y	▲			◎	◆		♥	Y	★	!!		Y	▲		◆				★ ♥	Y		!		Y	◆ ▲		

6月 寿ゾーン「承」の月（1〜5日） 寿ゾーン「転」の月（6〜30日）

1	2	3	4	5	6	7	8	9	10	11	12	13	14	15	16	17	18	19	20	21	22	23	24	25	26	27	28	29	30
	★		♥	Y		!	◆	Y	▲		★				♥	Y	◆	!		Y	★ ▲						◆ ♥	Y	

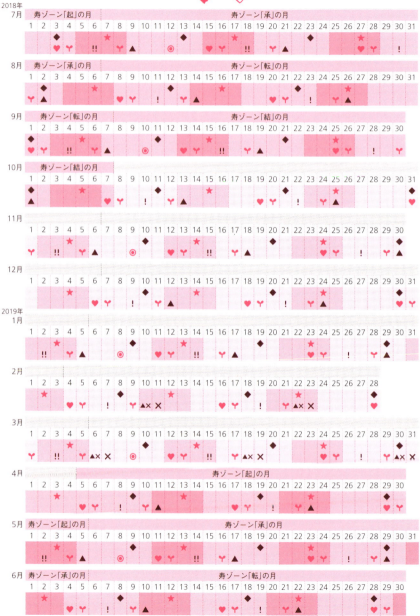

竹 52

2018年

7月 寿ゾーン「起」の月（1〜6日） 寿ゾーン「承」の月（7〜31日）

1	2	3	4	5	6	7	8	9	10	11	12	13	14	15	16	17	18	19	20	21	22	23	24	25	26	27	28	29	30	31
		◆				★						◆				★						◆				★				
	Y		!	♥	Y					▲			Y		!!	♥	Y				◎	▲			Y		!!	♥	Y	

8月 寿ゾーン「承」の月（1〜6日） 寿ゾーン「転」の月（7〜31日）

1	2	3	4	5	6	7	8	9	10	11	12	13	14	15	16	17	18	19	20	21	22	23	24	25	26	27	28	29	30	31
	◆				★						◆				★						◆				★					
			▲			Y		!	♥	Y					▲			Y		!	♥	Y					▲			Y

9月 寿ゾーン「転」の月（1〜7日） 寿ゾーン「結」の月（8〜30日）

1	2	3	4	5	6	7	8	9	10	11	12	13	14	15	16	17	18	19	20	21	22	23	24	25	26	27	28	29	30
◆				★						◆				★						◆				★					
	!	♥	Y					▲			Y		!!	♥	Y				◎	▲			Y		!!	♥	Y		

10月 寿ゾーン「結」の月（1〜7日）

1	2	3	4	5	6	7	8	9	10	11	12	13	14	15	16	17	18	19	20	21	22	23	24	25	26	27	28	29	30	31
◆				★						◆				★						◆				★						◆
		▲			Y		!	♥	Y					▲			Y		!	♥	Y					▲			Y	

11月

1	2	3	4	5	6	7	8	9	10	11	12	13	14	15	16	17	18	19	20	21	22	23	24	25	26	27	28	29	30
			★						◆				★						◆				★						◆
!	♥	Y					▲			Y		!!	♥	Y				◎	▲			Y		!!	♥	Y			

12月

1	2	3	4	5	6	7	8	9	10	11	12	13	14	15	16	17	18	19	20	21	22	23	24	25	26	27	28	29	30	31
			★						◆				★						◆				★						◆	
	▲			Y		!	♥	Y	×	×			▲			Y		!	♥	Y	×	×			▲			Y		!

2019年

1月

1	2	3	4	5	6	7	8	9	10	11	12	13	14	15	16	17	18	19	20	21	22	23	24	25	26	27	28	29	30	31
		★						◆				★						◆				★						◆		
♥	Y	×	×			▲			Y		!!	♥	Y	×	×		◎	▲			Y		!!	♥	Y	×	×			▲

2月

1	2	3	4	5	6	7	8	9	10	11	12	13	14	15	16	17	18	19	20	21	22	23	24	25	26	27	28
	★						◆				★						◆				★						◆
		Y		!	♥	Y					▲			Y		!	♥	Y					▲			Y	

3月

1	2	3	4	5	6	7	8	9	10	11	12	13	14	15	16	17	18	19	20	21	22	23	24	25	26	27	28	29	30	31
			★						◆				★						◆				★						◆	
!	♥	Y					▲			Y		!!	♥	Y				◎	▲			Y		!!	♥	Y				

4月 寿ゾーン「起」の月（5〜30日）

1	2	3	4	5	6	7	8	9	10	11	12	13	14	15	16	17	18	19	20	21	22	23	24	25	26	27	28	29	30
		★						◆				★						◆				★						◆	
▲			Y		!	♥	Y					▲			Y		!	♥	Y					▲			Y		!

5月 寿ゾーン「起」の月（1〜5日） 寿ゾーン「承」の月（6〜31日）

1	2	3	4	5	6	7	8	9	10	11	12	13	14	15	16	17	18	19	20	21	22	23	24	25	26	27	28	29	30	31
		★						◆				★						◆				★						◆		
♥	Y					▲			Y		!!	♥	Y				◎	▲			Y		!!	♥	Y					▲

6月 寿ゾーン「承」の月（1〜5日） 寿ゾーン「転」の月（6〜30日）

1	2	3	4	5	6	7	8	9	10	11	12	13	14	15	16	17	18	19	20	21	22	23	24	25	26	27	28	29	30
	★						◆				★						◆				★						◆		
		Y		!	♥	Y					▲			Y		!	♥	Y					▲			Y		!	♥

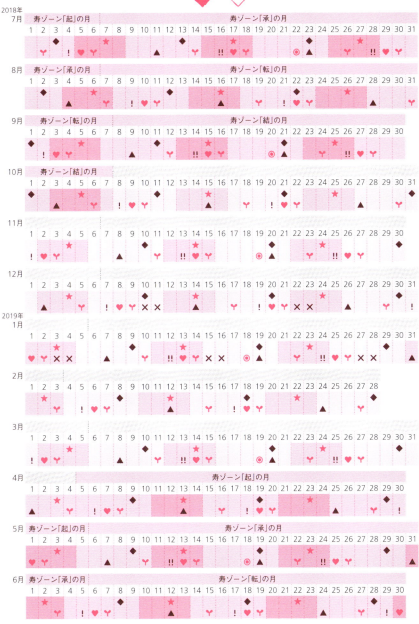

竹2の人の年間運勢

竹2の人は、今まさに、10年のうちに4年巡る寿ゾーンの「起の年」にいます。その中でも特に、6月6日から10月7日までのモテ運は最強レベル。新しい出会いが、爆発的にやってきます。彼氏がいる人は、結婚話を具体的に進めるのに最高の時期。ドラマチックなプロポーズも期待できそう。ただし竹2の人は、2年間の天中殺運にも入っています。なりゆきまかせの腐れ縁はこじれる暗示。無理に続けたり、相手をコントロールして結婚へ持ち込むのはやめておきましょう。それさえ心得ておけば、何といっても最強のモテ期のスタート地点。2019年4月5日〜8月7日のW寿ゾーンでモテ運はさらに拡大。フェロモン全開のあなたにたくさんの人が吸い寄せられます。ビジネスでも勝負年なので、仕事関係者の中から恋愛へ発展する縁もアリです。

竹12の人の年間運勢

10年のうちに4年巡る寿ゾーンの「起の年」に入っている、竹12の人。もともと周りに合わせたり、仲間で行動するのが得意なあなたですが、強い運気の中で、人との縁がどんどん発展していきそう。6月6日から10月7日までは、最強モテ期の、最初のピークに入ります。フリーの人は、初夏、爆発的に人気者になりそう。あちらこちらからひっぱりだこ状態になるので、8月7日〜10月7日の間は暴走注意。ここで心身を整えておけば、秋の始まりには、さらなる良縁が巡る運気。彼氏がいる人は、結婚話が具体化するかもしれません。2019年4月5日〜8月7日のW寿ゾーンも、運気は上昇気流へ。新しい出会いを手にできます。仕事でも好調な時期。ビジネスがらみのパーティやイベントで出会った人が、生涯のパートナーになる可能性も。

竹22の人の年間運勢

まさに今、10年のうちに4年巡る寿ゾーンの「起の年」に入っている、竹22の人。それまで恋愛や結婚へのテンションが落ちていた人も今年からそのモチベーションがアップします。そして、この1年の「寿ゾーン」の中でも、最初の最強モテ期がやってくるのは、6月6日から10月7日。特に7月中は、今までの単調な日々から一転し、次から次へとお誘いが。暴走しないように、心身共に整えながら、恋のチャンスを受け止めて。もともと柔軟性に優れていて、人と合わせるのが上手なあなた。その行動力やコミュ力の高さが、より輝くのが2019年4月5日〜8月7日のW寿ゾーンです。ビジネスやお金にも縁が出てくるので、セレブな人との出会いもあるかも。強気でいい時期。ピンときたら、無理めだと感じる相手にも、積極的に出てみてOKです。

竹32の人の年間運勢

4年間続く寿ゾーンが始まったばかりの竹32の人。今まで積み重ねてきた努力や温めてきた思いが、これから一気に開花していきます。今、彼氏がいる人は、結婚話が具体的に進みやすい時期。特に運気が強まるのが、6月6日から10月7日。その中でも、9月に入ると、新しい出会いが次々とやってくるでしょう。竹32の人は、もともと素直な上に、マナーもわきまえた性質の持ち主。「いい人を紹介してほしい」、「結婚したい」など、願いがあったら口に出して伝えて。あなたの飾らなさが、魅力的に見える時期なので、願いが実現しやすくなります。次の運気のピークは2019年4月5日～8月7日のW寿ゾーン。仕事運&金運も好調なので、忙しくなりますが、大舞台で共に戦った相手が、公私ともにパートナーとなる気配も濃厚です。

竹42の人の年間運勢

竹42の人は、10年のうち4年巡る寿ゾーンの始まりの年に入っています。交際相手と結婚したい人には、まさにチャンス！　まとまる話は一気に具体化しそうです。今まで恋愛&結婚に縁が薄かった人も、新しい未来を予感させるような出会いが次々とやってくるでしょう。最初の最強モテ期は、6月6日から10月7日。もともと竹キャラの中でもフェロモン多めのあなたですが、この時期はその華やかさが一気に開花。合コンや婚活パーティなど、恐れずに出会いの場へ足を踏み込んで。2019年2月4日から4月4日までは、月運の天中殺に入ります。この間は、いつもとは違う刺激的な恋のチャンスもありますが、暴走注意。4月5日～8月7日のW寿ゾーンでは金運もアップするので、電撃的な玉の輿婚の流れも、あるかもしれません。

竹52の人の年間運勢

今まさに、4年続く寿ゾーンの「起の年」に入っている、竹52の人。運気上昇の最初のピークは、6月6日から10月7日です。結婚を視野に入れて付き合っている相手がいる場合は、踏み出すのに最高の時期。7月から8月にかけては、出会いの運気もMAXです。もともと少しおっとり&スロースターな竹52のあなたですが、この時期は、意識してエンジンをかけて。合コンや紹介など、人が集まる場所へ出かけましょう。12月7日から2019年2月3日までは、月運の天中殺に入ります。気持ちが一人で高揚し過ぎないように要注意。2019年4月5日～8月7日のW寿ゾーンではそれまでの運気をより拡大させる流れへ。この時期は、仕事やお金でも大きな結果を得る時期なので、ビジネス関係で出会った人とも恋が芽生えるかもしれません。

桜

KOTOBUKI ZONE
SAKURA

花を咲かせているだけで、見る人の心を惹《ひ》きつけてやまない桜。あなたもその桜のような華やかな性質を持っています。明朗快活、ポジティブ思考で、くよくよと思い悩むことも少ないはず。嬉しいことばかりではなく、嫌なことも全て顔に出てしまいがちですが、自然体なところが、そのまま人に受け入れられることも多いでしょう。にぎやかなことが大好きだから、いつも人と一緒にいたいさみしがり屋ですが、意外に自己主張は強く、人に合わせません。でも、無邪気で細かいことにこだわらず、いるだけで周囲を明るくする個性で人を集めます。

ぱっと咲いてぱっと散る桜の花のように物事の本質や全体像を一瞬でつかむ、直観力と判断力は、桜タイプならでは。基本的に苦労や我慢は苦手なので、楽しいことや好きなこと以外は続きません。また、狭い環境や堅苦しい雰囲気も苦手。のびのびと自由に振る舞える場所できれいに花咲きます

桜の人の恋愛と結婚

心の中がわかりやすく、明るくて楽観的。さっぱりした性格で、周囲の人に可愛がられるタイプの桜の人は、異性からのお誘いが多く、憧れの人的な存在になることも。また、あなた自身も直感力があって一目惚れしやすく、行動的なので、好きとなったら情熱的にアプローチ。特に、感受性が豊かで、自尊心が強いタイプに出会うと猛烈アタックし、なんとしても振り向かせようとします。障害があるほど燃え上がり、強い結婚願望を叶《かな》えるためなら逆プロポーズもいとわないため、スピード婚、デキ婚の可能性も大です。

というと奔放な恋愛遍歴を重ねる強者のようですが、実は、実際に恋人関係になる確率は低め。それは、時にあなたの言動がややひとりよがりで、身勝手な印象を与えてしまうからかも。あるいは、大らかすぎてあなたの心の中が丸わかりになり、相手が白けてしまうせいかもしれません。結果、言い寄ってきた相手も離れていき、または、楽しい遊び友達、可愛い弟や妹的存在にとどまりやすい傾向があるのです。どんなに激しく求めた恋でも飽きるのが早く、長続きしないのも問題。「自分にはない特別な何かを持っている」と思える相手を探すことが、桜の人が幸せな恋をする一番のポイントです。

桜の人の仕事とお金

自然に人を周囲に集める桜の人は、職場のリーダーや仕切り役になるタイプ。時には押し付けがましくなったり、上から目線になったりもしますが、さっぱりした性格で、心の中がわかりやすい単純さがあるので、意外に敵を作りません。暗いイメージも与えないので、社内外を問わず、多くの人に好かれ、頼りにされます。

ただ、飽きっぽくて継続力が乏しいのはマイナス評価。あれこれ手を出して収集がつかなくなることも多いので、ひとつひとつ計画的に処理する習慣を。また、自己主張が強く、お堅い職場や狭い環境だとストレスを感じて、能力を活かしにくい傾向が。本来の華やかなオーラを保つためには、常に大きな視点で物事を捉えること。そして、サポートしてくれている人への気配りを忘れず、場の空気を読む力を強化していくことが、成功のための課題になります。

楽しいことや好きなことに夢中になるあなたは、仕事も自分の興味のある分野を選ぶと結果を出しやすく、利益を生みやすくなります。一方で、楽しいことへの出費を制限するのが苦手なので、使い過ぎを防ぐために月々の遊び予算を決め、積立貯金や定期貯金でお金を引き出せなくするなどの工夫も必要です。

桜の人の開運ポイント

桜タイプの開運に一番、必要なことは〝空気を読む〟こと。自信家で、自分の直感に頼って、いつでもどこでもマイペース、マイルールで動きがちですが、どんなに桜の花がきれいて魅力的でも、咲く場所と季節を選ばないと、人を戸惑わせるように、あなたの個性や魅力も、望まれていない状況では、一方的でうざく、人が離れていきます。せっかくの華やかな明るさや鋭い直観力があっても、自己中では、暑苦しい面倒な人になるだけ。少しでも周囲のことを考え、みんなが喜ぶように動けば、他の人にはない人気を得られます。

また楽しいことが大好きな桜タイプ。大変な努力をしているように見えても、基本的に本人は楽しいからやっているだけ。逆に言うと、楽しめないこと、やりたくないことは、相当、いい加減になります。だからこそ、自分が本当に好きなことを見つけ、それを仕事に結び付けたり、それができる環境を確保することが大事。そうでないと、ただのいい加減な、何をしても続かない人になります。

また、カジュアルであることも桜の持ち味、いくつになっても、どんな立場でも、あまりカッコをつけすぎず、飾らない可愛さを持ち続ける桜タイプは、いつまでもその花の命を保ち続けることができるでしょう。

2018年

7月

日	1	2	3	4	5	6	7	8	9	10	11	12	13	14	15	16	17	18	19	20	21	22	23	24	25	26	27	28	29	30	31
						◆		★						◆				★								◆		★			
	Y		!		Y×	♥×						▲	Y		!		Y×	♥×						▲	Y		!!		Y×	♥×	

8月　寿ゾーン「起」の月

日	1	2	3	4	5	6	7	8	9	10	11	12	13	14	15	16	17	18	19	20	21	22	23	24	25	26	27	28	29	30	31
					◆		★								◆		★								◆		★				
		◎			▲	Y		!!		Y×	♥×						▲	Y			!	Y×	♥×						▲	Y	

9月　寿ゾーン「起」の月　寿ゾーン「承」の月

日	1	2	3	4	5	6	7	8	9	10	11	12	13	14	15	16	17	18	19	20	21	22	23	24	25	26	27	28	29	30
				◆		★								◆		★								◆		★				
	!		Y×	♥×						▲	Y		!		Y×	♥×						▲	Y		!!		Y×	♥×		

10月　寿ゾーン「承」の月　寿ゾーン「転」の月

日	1	2	3	4	5	6	7	8	9	10	11	12	13	14	15	16	17	18	19	20	21	22	23	24	25	26	27	28	29	30	31
				◆		★								◆		★								◆		★					
	◎			▲	Y		!!		Y✱	♥✱						▲	Y			!		Y✱	♥✱					▲	Y		!

11月　寿ゾーン「転」の月　寿ゾーン「結」の月

日	1	2	3	4	5	6	7	8	9	10	11	12	13	14	15	16	17	18	19	20	21	22	23	24	25	26	27	28	29	30
			◆		★								◆		★								◆		★					
		Y✱	♥✱						▲	Y		!		Y✱	♥✱						▲	Y		!!		Y✱	♥✱			◎

12月　寿ゾーン「結」の月

日	1	2	3	4	5	6	7	8	9	10	11	12	13	14	15	16	17	18	19	20	21	22	23	24	25	26	27	28	29	30	31
			◆		★								◆		★								◆		★						
			▲	Y		!!		Y×	♥×						▲	Y		!		Y×	♥×						▲	Y		!	

2019年

1月

日	1	2	3	4	5	6	7	8	9	10	11	12	13	14	15	16	17	18	19	20	21	22	23	24	25	26	27	28	29	30	31
		◆		★								◆		★								◆		★							
	Y×	♥×						▲	Y		!		Y×	♥×						▲	Y		!!		Y×	♥×			◎		

2月

日	1	2	3	4	5	6	7	8	9	10	11	12	13	14	15	16	17	18	19	20	21	22	23	24	25	26	27	28
	◆		★								◆		★								◆		★					
	▲	Y		!!		Y×	♥×						▲	Y		!		Y×	♥×						▲	Y		!

3月

日	1	2	3	4	5	6	7	8	9	10	11	12	13	14	15	16	17	18	19	20	21	22	23	24	25	26	27	28	29	30	31
			◆		★								◆		★								◆		★						
		Y×	♥×						▲	Y		!		Y×	♥×						▲	Y		!!		Y×	♥×			◎	

4月

日	1	2	3	4	5	6	7	8	9	10	11	12	13	14	15	16	17	18	19	20	21	22	23	24	25	26	27	28	29	30
		◆		★								◆		★								◆		★						
		▲	Y		!!		Y×	♥×						▲	Y		!		Y×	♥×						▲	Y		!	

5月

日	1	2	3	4	5	6	7	8	9	10	11	12	13	14	15	16	17	18	19	20	21	22	23	24	25	26	27	28	29	30	31
		◆		★								◆		★								◆		★							
	Y×	♥×						▲	Y		!		Y×	♥×						▲	Y		!!		Y×	♥×			◎		

6月　寿ゾーン「起」の月

日	1	2	3	4	5	6	7	8	9	10	11	12	13	14	15	16	17	18	19	20	21	22	23	24	25	26	27	28	29	30
	◆		★								◆		★								◆		★							
	▲	Y		!!		Y×	♥×						▲	Y		!		Y×	♥×						▲	Y		!		Y×

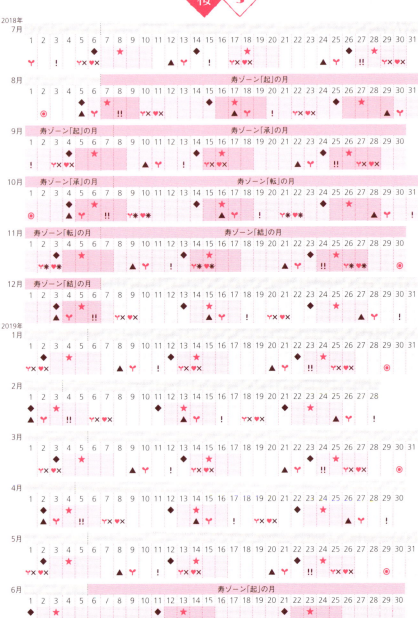

桜 13

2018年

7月

1	2	3	4	5	6	7	8	9	10	11	12	13	14	15	16	17	18	19	20	21	22	23	24	25	26	27	28	29	30	31
					◆		★						◆				★								◆		★			
!	▲	Y					♥			Y		!	▲	Y					♥			Y		!	▲	Y				

8月　寿ゾーン「起」の月（7〜31）

1	2	3	4	5	6	7	8	9	10	11	12	13	14	15	16	17	18	19	20	21	22	23	24	25	26	27	28	29	30	31
				◆		★								◆		★								◆		★				
♥			Y		!!	▲	Y×	×			◎	♥			Y		!!	▲	Y×	×				♥			Y		!	▲

9月　寿ゾーン「起」の月（1〜6）　寿ゾーン「承」の月（7〜30）

1	2	3	4	5	6	7	8	9	10	11	12	13	14	15	16	17	18	19	20	21	22	23	24	25	26	27	28	29	30
			◆		★								◆		★								◆		★				
Y×	×				♥			Y		!	▲	Y×	×				♥			Y		!	▲	Y×	×				♥

10月　寿ゾーン「承」の月（1〜7）　寿ゾーン「転」の月（8〜31）

1	2	3	4	5	6	7	8	9	10	11	12	13	14	15	16	17	18	19	20	21	22	23	24	25	26	27	28	29	30	31
			◆		★								◆		★								◆		★					
		Y		!!	▲	Y×				◎	♥			Y		!!	▲	Y					♥			Y		!	▲	Y

11月　寿ゾーン「転」の月（1〜6）　寿ゾーン「結」の月（7〜30）

1	2	3	4	5	6	7	8	9	10	11	12	13	14	15	16	17	18	19	20	21	22	23	24	25	26	27	28	29	30
		◆		★								◆		★								◆		★					
				♥			Y		!	▲	Y					♥			Y		!	▲	Y					♥	

12月　寿ゾーン「結」の月（1〜6）

1	2	3	4	5	6	7	8	9	10	11	12	13	14	15	16	17	18	19	20	21	22	23	24	25	26	27	28	29	30	31
		◆		★								◆		★								◆		★						
	Y		!!	▲	Y				◎	♥			Y		!!	▲	Y					♥			Y		!	▲	Y	

2019年

1月

1	2	3	4	5	6	7	8	9	10	11	12	13	14	15	16	17	18	19	20	21	22	23	24	25	26	27	28	29	30	31
	◆		★								◆		★								◆		★							
			♥			Y		!	▲	Y					♥			Y		!	▲	Y					♥			Y

2月

1	2	3	4	5	6	7	8	9	10	11	12	13	14	15	16	17	18	19	20	21	22	23	24	25	26	27	28
◆		★								◆		★								◆		★					
	!!	▲	Y				◎	♥			Y		!!	▲	Y					♥			Y		!	▲	Y

3月

1	2	3	4	5	6	7	8	9	10	11	12	13	14	15	16	17	18	19	20	21	22	23	24	25	26	27	28	29	30	31
		◆		★								◆		★								◆		★						
				♥			Y		!	▲	Y					♥			Y		!	▲	Y					♥		

4月

1	2	3	4	5	6	7	8	9	10	11	12	13	14	15	16	17	18	19	20	21	22	23	24	25	26	27	28	29	30
	◆		★								◆		★								◆		★						
Y		!!	▲	Y				◎	♥			Y		!!	▲	Y					♥			Y		!	▲	Y	

5月

1	2	3	4	5	6	7	8	9	10	11	12	13	14	15	16	17	18	19	20	21	22	23	24	25	26	27	28	29	30	31
	◆		★								◆		★								◆		★							
			♥			Y		!	▲	Y					♥			Y		!	▲	Y					♥			Y

6月　寿ゾーン「起」の月（6〜30）

1	2	3	4	5	6	7	8	9	10	11	12	13	14	15	16	17	18	19	20	21	22	23	24	25	26	27	28	29	30
◆		★								◆		★								◆		★							
	!!	▲	Y				◎	♥			Y		!!	▲	Y					♥			Y		!	▲	Y		

2018年

7月

1	2	3	4	5	6	7	8	9	10	11	12	13	14	15	16	17	18	19	20	21	22	23	24	25	26	27	28	29	30	31
					◆		★						◆				★								◆		★			
Y×	×		▲					Y	♥	!		Y×	×		▲					Y	♥	!		Y×	×		▲			

8月

1	2	3	4	5	6	7	8	9	10	11	12	13	14	15	16	17	18	19	20	21	22	23	24	25	26	27	28	29	30	31
						寿ゾーン「起」の月																								
				◆		★								◆		★								◆		★				
	Y	♥	!		Y×			▲					Y	♥	!!		Y			▲	◎				Y	♥	!!		Y	

9月

1	2	3	4	5	6	7	8	9	10	11	12	13	14	15	16	17	18	19	20	21	22	23	24	25	26	27	28	29	30
寿ゾーン「起」の月							寿ゾーン「承」の月																						
			◆		★								◆		★								◆		★				
	▲					Y	♥	!		Y			▲					Y	♥	!		Y			▲				

10月

1	2	3	4	5	6	7	8	9	10	11	12	13	14	15	16	17	18	19	20	21	22	23	24	25	26	27	28	29	30	31
寿ゾーン「承」の月							寿ゾーン「転」の月																							
			◆		★								◆		★								◆		★					
Y	♥	!		Y			▲					Y	♥	!!		Y			▲	◎				Y	♥	!!		Y		

11月

1	2	3	4	5	6	7	8	9	10	11	12	13	14	15	16	17	18	19	20	21	22	23	24	25	26	27	28	29	30
寿ゾーン「転」の月						寿ゾーン「結」の月																							
		◆		★								◆		★								◆		★					
▲					Y	♥	!		Y			▲					Y	♥	!		Y			▲					Y

12月

1	2	3	4	5	6	7	8	9	10	11	12	13	14	15	16	17	18	19	20	21	22	23	24	25	26	27	28	29	30	31
寿ゾーン「結」の月																														
		◆		★								◆		★								◆		★						
♥	!			Y		▲					Y	♥	!!		Y			▲	◎				Y	♥	!!		Y			▲

2019年

1月

1	2	3	4	5	6	7	8	9	10	11	12	13	14	15	16	17	18	19	20	21	22	23	24	25	26	27	28	29	30	31
	◆		★								◆		★								◆		★							
				Y	♥	!		Y			▲					Y	♥	!		Y			▲					Y	♥	!!

2月

1	2	3	4	5	6	7	8	9	10	11	12	13	14	15	16	17	18	19	20	21	22	23	24	25	26	27	28
◆		★								◆		★								◆		★					
	Y			▲					Y	♥	!!		Y			▲	◎				Y	♥	!!		Y		

3月

1	2	3	4	5	6	7	8	9	10	11	12	13	14	15	16	17	18	19	20	21	22	23	24	25	26	27	28	29	30	31
		◆		★								◆		★								◆		★						
▲					Y	♥	!		Y			▲					Y	♥	!		Y			▲					Y	♥

4月

1	2	3	4	5	6	7	8	9	10	11	12	13	14	15	16	17	18	19	20	21	22	23	24	25	26	27	28	29	30
	◆		★								◆		★								◆		★						
!		Y			▲					Y	♥	!!		Y			▲	◎				Y	♥	!!		Y			▲

5月

1	2	3	4	5	6	7	8	9	10	11	12	13	14	15	16	17	18	19	20	21	22	23	24	25	26	27	28	29	30	31
	◆		★								◆		★								◆		★							
				Y	♥	!		Y			▲					Y	♥	!		Y			▲					Y	♥	!

6月

1	2	3	4	5	6	7	8	9	10	11	12	13	14	15	16	17	18	19	20	21	22	23	24	25	26	27	28	29	30
					寿ゾーン「起」の月																								
◆		★								◆		★								◆		★							
	Y			▲					Y	♥	!!		Y×	×		▲	◎				Y	♥	!!		Y×	×		▲	

2018年 7月

日	1	2	3	4	5	6	7	8	9	10	11	12	13	14	15	16	17	18	19	20	21	22	23	24	25	26	27	28	29	30	31
						◆		★						◆				★								◆		★			
			◎			▲	Y		!!		Y	♥						▲	Y		!		Y	♥						▲	Y

8月 寿ゾーン「起」の月（7日〜）

日	1	2	3	4	5	6	7	8	9	10	11	12	13	14	15	16	17	18	19	20	21	22	23	24	25	26	27	28	29	30	31
					◆		★								◆		★								◆		★				
		!		Y							▲	Y		!		Y	♥						▲	Y		!!		Y	♥		

9月 寿ゾーン「起」の月（1〜7日） 寿ゾーン「承」の月（8日〜）

日	1	2	3	4	5	6	7	8	9	10	11	12	13	14	15	16	17	18	19	20	21	22	23	24	25	26	27	28	29	30
				◆		★								◆		★								◆		★				
	◎			▲	Y		!!		Y	♥						▲	Y		!		Y	♥						▲	Y	

10月 寿ゾーン「承」の月（1〜7日） 寿ゾーン「転」の月（8日〜）

日	1	2	3	4	5	6	7	8	9	10	11	12	13	14	15	16	17	18	19	20	21	22	23	24	25	26	27	28	29	30	31
				◆		★								◆		★								◆		★					
	!		Y	♥						▲	Y		!		Y	♥						▲	Y		!!		Y	♥			◎

11月 寿ゾーン「転」の月（1〜6日） 寿ゾーン「結」の月（7日〜）

日	1	2	3	4	5	6	7	8	9	10	11	12	13	14	15	16	17	18	19	20	21	22	23	24	25	26	27	28	29	30
			◆		★								◆		★								◆		★					
			▲	Y		!!		Y	♥						▲	Y		!		Y	♥						▲	Y		!

12月 寿ゾーン「結」の月（1〜6日）

日	1	2	3	4	5	6	7	8	9	10	11	12	13	14	15	16	17	18	19	20	21	22	23	24	25	26	27	28	29	30	31
			◆		★								◆		★								◆		★						
		Y	♥						▲	Y		!		Y	♥						▲	Y		!!		Y	♥			◎	

2019年 1月

日	1	2	3	4	5	6	7	8	9	10	11	12	13	14	15	16	17	18	19	20	21	22	23	24	25	26	27	28	29	30	31
		◆		★								◆		★								◆		★							
		▲	Y		!!		Y	♥						▲	Y		!		Y	♥						▲	Y		!		Y

2月

日	1	2	3	4	5	6	7	8	9	10	11	12	13	14	15	16	17	18	19	20	21	22	23	24	25	26	27	28
	◆		★								◆		★								◆		★					
	♥	×					▲	Y		!		Y	♥						▲	Y		!!		Y	♥			◎

3月

日	1	2	3	4	5	6	7	8	9	10	11	12	13	14	15	16	17	18	19	20	21	22	23	24	25	26	27	28	29	30	31
			◆		★								◆		★								◆		★						
			▲	Y		!!		Y	♥						▲	Y		!		Y	♥						▲	Y		!	

4月

日	1	2	3	4	5	6	7	8	9	10	11	12	13	14	15	16	17	18	19	20	21	22	23	24	25	26	27	28	29	30
		◆		★								◆		★								◆		★						
	Y	♥						▲	Y		!		Y×	♥×						▲	Y		!!		Y×	♥×			◎	

5月

日	1	2	3	4	5	6	7	8	9	10	11	12	13	14	15	16	17	18	19	20	21	22	23	24	25	26	27	28	29	30	31
		◆		★								◆		★								◆		★							
		▲	Y		!!		Y×	♥×						▲	Y		!		Y×	♥×						▲	Y		!		Y×

6月 寿ゾーン「起」の月（6日〜）

日	1	2	3	4	5	6	7	8	9	10	11	12	13	14	15	16	17	18	19	20	21	22	23	24	25	26	27	28	29	30
	◆		★								◆		★								◆		★							
	♥×						▲	Y		!		Y	♥						▲	Y		!!		Y	♥			◎		

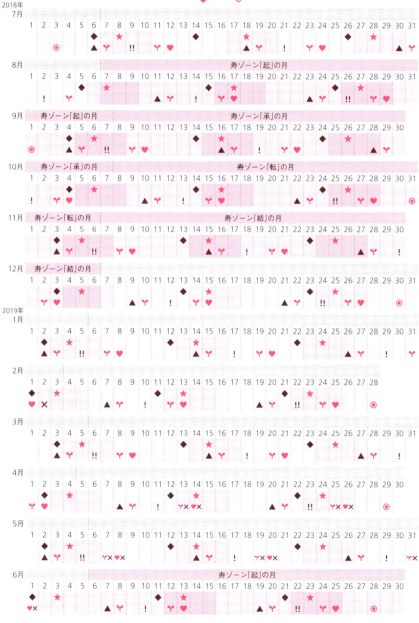

2018年

7月

1	2	3	4	5	6	7	8	9	10	11	12	13	14	15	16	17	18	19	20	21	22	23	24	25	26	27	28	29	30	31
					◆		★								◆		★								◆		★			
	♥			Y		!!	▲	Y				◎	♥			Y		!!	▲	Y					♥			Y		!

8月　寿ゾーン「起」の月（7日〜）

1	2	3	4	5	6	7	8	9	10	11	12	13	14	15	16	17	18	19	20	21	22	23	24	25	26	27	28	29	30	31
				◆		★								◆		★								◆		★				
▲	Y					♥			Y		!	▲	Y					♥			Y		!	▲	Y					♥

9月　寿ゾーン「起」の月（1日〜7日）　寿ゾーン「承」の月（8日〜）

1	2	3	4	5	6	7	8	9	10	11	12	13	14	15	16	17	18	19	20	21	22	23	24	25	26	27	28	29	30
			◆		★								◆		★								◆		★				
		Y		!!	▲	Y				◎	♥			Y		!!	▲	Y					♥			Y		!	▲

10月　寿ゾーン「承」の月（1日〜7日）　寿ゾーン「転」の月（8日〜）

1	2	3	4	5	6	7	8	9	10	11	12	13	14	15	16	17	18	19	20	21	22	23	24	25	26	27	28	29	30	31
			◆		★								◆		★								◆		★					
Y					♥			Y		!	▲	Y					♥			Y		!	▲	Y					♥	

11月　寿ゾーン「転」の月（1日〜6日）　寿ゾーン「結」の月（7日〜）

1	2	3	4	5	6	7	8	9	10	11	12	13	14	15	16	17	18	19	20	21	22	23	24	25	26	27	28	29	30
		◆		★								◆		★								◆		★					
	Y		!!	▲	Y				◎	♥			Y		!!	▲	Y					♥			Y		!	▲	Y

12月　寿ゾーン「結」の月（1日〜6日）

1	2	3	4	5	6	7	8	9	10	11	12	13	14	15	16	17	18	19	20	21	22	23	24	25	26	27	28	29	30	31
		◆		★								◆		★								◆		★						
				♥			Y		!	▲	Y					♥			Y		!	▲	Y					♥		

2019年

1月

1	2	3	4	5	6	7	8	9	10	11	12	13	14	15	16	17	18	19	20	21	22	23	24	25	26	27	28	29	30	31
	◆		★								◆		★								◆		★							
Y		!!	▲	Y				◎	♥			Y		!!	▲	Y					♥			Y		!	▲	Y		

2月

1	2	3	4	5	6	7	8	9	10	11	12	13	14	15	16	17	18	19	20	21	22	23	24	25	26	27	28
◆		★								◆		★								◆		★					
		♥			Y		!	▲	Y×	×				♥			Y		!	▲	Y×	×				♥	

3月

1	2	3	4	5	6	7	8	9	10	11	12	13	14	15	16	17	18	19	20	21	22	23	24	25	26	27	28	29	30	31
		◆		★								◆		★								◆		★						
	Y		!!	▲	Y×	×			◎	♥			Y		!!	▲	Y×	×				♥			Y		!	▲	Y×	×

4月

1	2	3	4	5	6	7	8	9	10	11	12	13	14	15	16	17	18	19	20	21	22	23	24	25	26	27	28	29	30
	◆		★								◆		★								◆		★						
			♥			Y		!	▲	Y				♥				Y		!	▲	Y		×	×		♥		

5月

1	2	3	4	5	6	7	8	9	10	11	12	13	14	15	16	17	18	19	20	21	22	23	24	25	26	27	28	29	30	31
	◆		★								◆		★								◆		★							
Y		!!	▲	Y				◎	♥			Y		!!	▲	Y					♥			Y		!	▲	Y		

6月　寿ゾーン「起」の月（6日〜）

1	2	3	4	5	6	7	8	9	10	11	12	13	14	15	16	17	18	19	20	21	22	23	24	25	26	27	28	29	30
◆		★								◆		★								◆		★							
		♥			Y		!	▲	Y					♥			Y		!	▲	Y					♥			Y

桜 53

2018年

7月

	1	2	3	4	5	6	7	8	9	10	11	12	13	14	15	16	17	18	19	20	21	22	23	24	25	26	27	28	29	30	31
						◆		★						◆				★								◆		★			
			Y	♥	!		Y			▲					Y	♥	!!		Y			▲	◎				Y	♥	!!		Y

8月

	1	2	3	4	5	6	7	8	9	10	11	12	13	14	15	16	17	18	19	20	21	22	23	24	25	26	27	28	29	30	31
							寿ゾーン「起」の月																								
					◆		★								◆		★								◆		★				
			▲					Y	♥	!		Y			▲					Y	♥	!		Y			▲				

9月

	1	2	3	4	5	6	7	8	9	10	11	12	13	14	15	16	17	18	19	20	21	22	23	24	25	26	27	28	29	30
	寿ゾーン「起」の月							寿ゾーン「承」の月																						
				◆		★								◆		★								◆		★				
	Y	♥	!		Y			▲					Y	♥	!!		Y			▲	◎				Y	♥	!!		Y	

10月

	1	2	3	4	5	6	7	8	9	10	11	12	13	14	15	16	17	18	19	20	21	22	23	24	25	26	27	28	29	30	31
	寿ゾーン「承」の月							寿ゾーン「転」の月																							
				◆		★								◆		★								◆		★					
		▲					Y	♥	!		Y			▲					Y	♥	!		Y			▲					Y

11月

	1	2	3	4	5	6	7	8	9	10	11	12	13	14	15	16	17	18	19	20	21	22	23	24	25	26	27	28	29	30
	寿ゾーン「転」の月						寿ゾーン「結」の月																							
			◆		★								◆		★								◆		★					
	♥	!		Y			▲					Y	♥	!!		Y			▲	◎				Y	♥	!!		Y		

12月

	1	2	3	4	5	6	7	8	9	10	11	12	13	14	15	16	17	18	19	20	21	22	23	24	25	26	27	28	29	30	31
	寿ゾーン「結」の月																														
			◆		★								◆		★								◆		★						
	▲					Y	♥	!		Y×	×		▲					Y	♥	!		Y×	×		▲					Y	♥

2019年

1月

	1	2	3	4	5	6	7	8	9	10	11	12	13	14	15	16	17	18	19	20	21	22	23	24	25	26	27	28	29	30	31
		◆		★								◆		★								◆		★							
	!		Y×	×		▲					Y	♥	!!		Y×	×		▲	◎				Y	♥	!!		Y×	×		▲	

2月

	1	2	3	4	5	6	7	8	9	10	11	12	13	14	15	16	17	18	19	20	21	22	23	24	25	26	27	28
	◆		★								◆		★								◆		★					
				Y	♥	!		Y			▲					Y	♥	!		Y			▲					Y

3月

	1	2	3	4	5	6	7	8	9	10	11	12	13	14	15	16	17	18	19	20	21	22	23	24	25	26	27	28	29	30	31
			◆		★								◆		★								◆		★						
	♥	!		Y			▲					Y	♥	!!		Y			▲	◎				Y	♥	!!		Y			▲

4月

	1	2	3	4	5	6	7	8	9	10	11	12	13	14	15	16	17	18	19	20	21	22	23	24	25	26	27	28	29	30
		◆		★								◆		★								◆		★						
					Y	♥	!		Y			▲					Y	♥	!		Y			▲					Y	♥

5月

	1	2	3	4	5	6	7	8	9	10	11	12	13	14	15	16	17	18	19	20	21	22	23	24	25	26	27	28	29	30	31
		◆		★								◆		★								◆		★							
	!		Y			▲					Y	♥	!!		Y			▲	◎				Y	♥	!!			Y		▲	

6月

	1	2	3	4	5	6	7	8	9	10	11	12	13	14	15	16	17	18	19	20	21	22	23	24	25	26	27	28	29	30
						寿ゾーン「起」の月																								
	◆		★								◆		★								◆		★							
				Y	♥	!		Y			▲					Y	♥	!		Y			▲					Y	♥	!

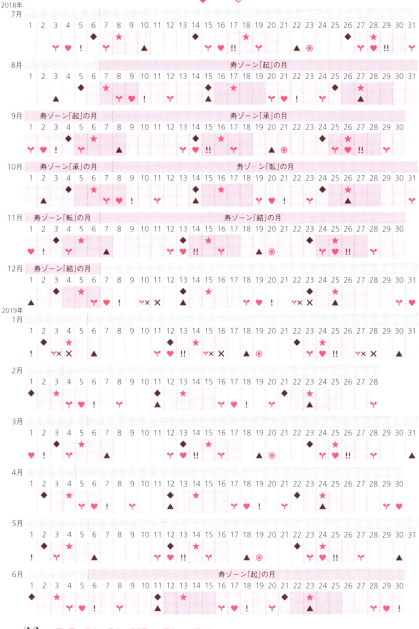

桜3の人の年間運勢

桜3の人の、2018年の月運の寿ゾーンは8月7日〜12月6日。この頃は心も体もゆるんでくる時期。もともと明るく華やかなあなたですが、さらに天然っぽいフェロモンが放たれて、とにかくモテます！　8月は、恋愛や仕事も、今までの流れが一度ストップするように感じるかもしれませんが、それが10月には新たな発展を運びます。ただし桜3の2018年と2019年は、2年間の年運の天中殺。天中殺は、イレギュラーな状態に陥る時期。大きな商談、電撃婚も期待できますが、年運の寿ゾーンは2020年からの4年間。つかの間の夢の可能性も。2018年と2019年は妊娠しやすい年でもあり、ノリで体の関係を持たない方がよさそうですが、2019年6月6日〜10月7日の寿ゾーンでの出会いは未来につながるものになるでしょう。

桜13の人の年間運勢

桜13の人の、2018年の月運の寿ゾーンは8月7日〜12月6日。ただし8月7日から10月7日までは、1年のうちに2か月やってくる、月運の天中殺とも重なります。イレギュラーを誘う天中殺の間には、セレブ感満載な恋愛、仕事でもビッグチャンスが舞い込みそう。よくも悪くも心と体のガードがゆるくなる時期でもあるので、普段なら踏み込まない欲望にも、身を任せる気配が。でも、即断即決はNGです。天中殺が終わる10月8日以降に、もう一度考え直してみましょう。2019年は、楽天家なあなたには珍しく、ナーバスになりそう。月運の寿ゾーンは6月6日から10月7日までです。4年間続く寿ゾーンは、その翌年、2020年からと、あと一歩！　2019年の寿ゾーンで出会う人と絆を深めておくと、結婚の可能性もあり得ます。

桜23の人の年間運勢

2018年の月運の寿ゾーンは8月7日〜12月6日。とはいえ桜23の人は、この寿ゾーンに入る少し前の、6月6日から8月6日は、月の天中殺に入る時期。心が浮わつき、人からプライドを傷つけられたり、裏切りを経験することも。しかし8月7日以降からは、あなたの天然な魅力が一気に開花！　子供のような無邪気さが受けて、人や財を引き寄せます。9月8日から10月7日はモテ力が絶好調！　モテ過ぎて、仕事も恋愛も、必要のない縁まで拾わないように。心身共に無理がきかない年でもあるので、体調管理は怠りなく。2019年の月運の寿ゾーンは、6月6日〜10月7日。桜23の人は、2020年から4年間の寿ゾーンに入ります。2019年6月の出会いは発展性があり、翌年の寿ゾーンの結婚へつながっていく可能性アリです。

桜33の人の年間運勢

桜33の人の月運の寿ゾーンは、8月7日～12月6日。この時期、心身共に伸びやかになっているあなた。いつも以上にゆるやかな雰囲気を放ち、モテます。恋のチャンスは次々と到来！ 追う恋ではなく追われる恋が増えるでしょう。ただし欲望に身を任せやすく、望まない妊娠には注意が必要。2019年は4月5日から6月5日まで、年に2か月ある月運の天中殺に入ります。あなたの気持ちとは裏腹に、イレギュラーな状態に陥りやすいので、急発進する恋には飛びつかないように。6月6日から10月7日の約4か月は、再び月運の寿ゾーンが巡ります。ちょっとナイーブになったり、口うるさくなりそうですが、翌年の2020年からの寿ゾーンにつながる出会いも見込めます。傷つくことを恐れずに。出会い自体はあるので、前へと進んで！

桜43の人の年間運勢

桜43の人の月運の寿ゾーンは、8月7日から12月6日。特に10月8日から11月6日は、恋愛もその他の人づきあいも、最強の出会いに恵まれます。心も体もゆるやかになり、美人度もアップしている、この時期。フェロモンだだ洩れのあなたに、楽しいイベントの誘いや、人との関わりが次々と到来！ ただ、その後、2019年は、根が明るいあなたには珍しく、いろんな局面でナーバスになりがちかもしれません。浮気発覚などもありそう。特に2月4日から4月4日までは、年に2か月やってくる、月運の天中殺の時期。想像を超える恋や、見たことのない世界を覗くかもしれませんが、平常心を保って。月運の寿ゾーンは、6月6日から10月7日まで。ここで人を見極める目を持てば、翌年から始まる、4年間の寿ゾーンでの結婚もあります。

桜53の人の年間運勢

2018年は8月7日から12月6日までが、桜53の人の、月運の寿ゾーン。特に9月7日までは出会い運が最強。9月8日から10月7日までは、気持ちが通じ合う、難しい話が成立するなど、"実り"が。年間を通じ、心身共におおらかになるので、のんびりと過せるでしょう。恋も追われる恋に吉あり。12月7日から2019年の2月3日は、1年に2か月ある天中殺の時期。ワンナイトラブを繰り返したり、禁断の恋に踏み込まないよう用心を。妊娠にも注意。2019年の2月4日からは、楽天的なあなたには珍しく、傷つきやすいモード。素直に恋を楽しめないかも。でも6月6日から10月7日に、再び月運の寿ゾーンが到来。ここまでに腐れ縁・不毛な恋を断ち切れば、翌年から始まり、4年続く寿ゾーンで成就する、新たな出会いも待っています。

梅

KOTOBUKI ZONE

UME

春の先駆けとして、まだ厳寒の季節に可憐な花を咲かせる梅タイプのあなたは、他の人が気づかないようなところに目が行くよう鋭い洞察力と独特のセンスを秘めた人です。

素朴な印象だけど、その香りはとても強いように、あなたも穏やかで控えめなタイプに見えますが、ハッキリとした好き嫌いの感情を持っていて、かなり個性的。人間関係もむやみに広げるより、狭くても濃く深い関係を望む傾向があります。身近な人にとって、梅タイプは、温かで楽しい人情家ですが、何かが我慢の限界を超えたり、どこかでスイッチが入った瞬間に、相手が驚くほど闘志を見せたり、怒りの炎を燃え上がらせたり、自分を犠牲にしてでも損得抜きの行動に出るような多面性を秘めていて、ドラマチックな人生を歩んでいくことも多い人です。そんな先の読めない危うさや独特の陰影が不思議な花の色香、フェロモンとなるので、意外なくらいのモテキャラです。

梅の人の恋愛と結婚

表面的には穏やかで控えめですが、内面には驚くほどの激しさを秘めています。フェロモン体質で、ミステリアスな面もあり、モテ度はかなり高め。本音が見えにくいため誤解されやすいけど、あなた自身は、社交的で才能豊かな異性に惹《ひ》かれやすく、ビビビッと感じた相手を一途《いちず》に愛し、その人と家庭を築き、子供を持ちたいと願う、ひたむきな愛情の持ち主です。

直感力が鋭いので、本来は幸せな結婚につながるきっかけをつかむのが上手。でも、不倫や二股恋愛など、なかなか手に入らない恋を自ら求めてしまう傾向も。しかも、情熱的で秘密を守れる気質のため、一度関係を持つとブレーキが効きません。深みにハマって身動きがとれなくなるようなことのないように気をつけて。我慢強さが裏目に出てしまい、突然キレるなどのヒステリックな行動をとることも。相手を振り回して関係を悪化させないよう、パートナーへの不満や不安は普段から小出しにして、溜《た》め込まないようにすることも大切です。

また、仕事でも成功しやすい運があり、女性の場合は、結婚よりも仕事を選ぶ人も。でも梅の人は、仕事と家庭を両立することも可能です。まずはチャレンジしてみましょう。

梅の人の仕事とお金

鋭い洞察力を持つ梅の人は、他の人が見過ごしてしまうようなことに気づき、そこにチャンスを作っていけるビジネスセンスのあるタイプ。あまり人が目をつけないような特定のジャンルに取り組み、情熱的に掘り下げていくことで、スペシャリストになれる資質を秘めています。

表向きは穏やかで控えめ。目立たない存在でいることも多いのですが、実は、かなり個性が強め。好き嫌いがはっきりしていて、身近な人とそうでない人とでは、TPOを気にせず態度を変え、周りを凍りつかせることが。また、自分や周りの人を犠牲にしても、採算を度外視しても、何かを成し遂げようという激しい思いをいつも抱いていて、ある日突然過激な行動に出ることもあります。そんな常に揺らいでいる感情的な陰影を、爆発させないようコントロールする方法を身につけていくことが、梅の人の特殊能力を磨いていくポイントになります。

マニアックな趣味を持つことが多く、好きなことにはとことんのめり込むオタク体質のあなたは、レアなコレクションが資産になったり、趣味を生かした商売で利益を得たりすることも。遊び気分でやるのではなく、真剣に取り組んで、お宝グッズは丁寧に保管を。

梅の人の開運ポイント

好きなことでも、楽しいから続けられることでも、あるいは大きなやりがいを感じられることでも、何でも自分の情熱を注ぎ続けられることを見つけられるか否かが梅タイプの人生を大きく分けるようです。

自分が一生懸命になれる分野、対象を見つけられた梅タイプは、その道のスペシャリストとして、かなり冒険的なことにも挑戦して、その能力と個性を伸ばします。選ぶ分野や対象は、普通の人があまりやらないこと、限定されたものであるほど、実は先鋭的な梅タイプの一面が発揮され、面白いことができます。案外、器用ですが、一度、選んだ道をブレずに極めるくらいの熱さを持てた梅タイプは、人から尊敬を得られるかも。逆に、自分の好きなことがわからない、できない、定まらない状態だと、ただの気まぐれであぶなっかしい人、その情熱を異性にぶつけて、時には恋愛依存症？的な生活を送ることも。

また、もともと気持ちや態度がクルクル変わりやすい、不安定な一面があるので、そんな自分を自分で野放しにしては、いつまでたっても運は開けません。自分をコントロールするための方法、テクニックを自分なりに習得し、磨いていくと、梅タイプの運は驚くほど伸びていくはずです。

梅 4

2018年
7月

1	2	3	4	5	6	7	8	9	10	11	12	13	14	15	16	17	18	19	20	21	22	23	24	25	26	27	28	29	30	31
				◆				★						◆				★						◆				★		
	Y		!	♥×	Y×					▲			Y		!	♥×	Y×					▲			Y		!!	♥×	Y×	

8月

寿ゾーン「起」の月（7日〜）

1	2	3	4	5	6	7	8	9	10	11	12	13	14	15	16	17	18	19	20	21	22	23	24	25	26	27	28	29	30	31
			◆				★						◆				★						◆				★			
		◎	▲			Y		!!	♥×	Y×					▲			Y		!	♥×	Y×					▲			Y

9月

寿ゾーン「起」の月（1日〜6日）　寿ゾーン「承」の月（7日〜）

1	2	3	4	5	6	7	8	9	10	11	12	13	14	15	16	17	18	19	20	21	22	23	24	25	26	27	28	29	30
		◆				★						◆				★						◆				★			
	!	♥×	Y×					▲			Y		!	♥×	Y×					▲			Y		!!	♥×	Y×		

10月

寿ゾーン「承」の月（1日〜6日）　寿ゾーン「転」の月（7日〜）

1	2	3	4	5	6	7	8	9	10	11	12	13	14	15	16	17	18	19	20	21	22	23	24	25	26	27	28	29	30	31
		◆				★						◆				★						◆				★				
	◎	▲			Y		!!	♥✱	Y✱					▲			Y		!	♥✱	Y✱					▲			Y	

11月

寿ゾーン「転」の月（1日〜6日）　寿ゾーン「結」の月（7日〜）

1	2	3	4	5	6	7	8	9	10	11	12	13	14	15	16	17	18	19	20	21	22	23	24	25	26	27	28	29	30
	◆				★						◆				★						◆				★				
!	♥✱	Y✱					▲			Y		!	♥✱	Y✱					▲			Y		!!	♥✱	Y✱			

12月

寿ゾーン「結」の月（1日〜6日）

1	2	3	4	5	6	7	8	9	10	11	12	13	14	15	16	17	18	19	20	21	22	23	24	25	26	27	28	29	30	31
	◆				★						◆				★						◆				★					
◎	▲			Y		!!	♥×	Y×					▲			Y		!	♥×	Y×					▲			Y		!

2019年
1月

1	2	3	4	5	6	7	8	9	10	11	12	13	14	15	16	17	18	19	20	21	22	23	24	25	26	27	28	29	30	31
◆				★						◆				★						◆				★						◆
♥×	Y×					▲			Y		!	♥×	Y×					▲			Y		!!	♥×	Y×				◎	▲

2月

1	2	3	4	5	6	7	8	9	10	11	12	13	14	15	16	17	18	19	20	21	22	23	24	25	26	27	28
			★						◆				★						◆				★				
		Y		!!	♥×	Y×					▲			Y		!	♥×	Y×					▲			Y	

3月

1	2	3	4	5	6	7	8	9	10	11	12	13	14	15	16	17	18	19	20	21	22	23	24	25	26	27	28	29	30	31
	◆				★						◆				★						◆				★					
!	♥×	Y×					▲			Y		!	♥×	Y×					▲			Y		!!	♥×	Y×				◎

4月

1	2	3	4	5	6	7	8	9	10	11	12	13	14	15	16	17	18	19	20	21	22	23	24	25	26	27	28	29	30
◆				★						◆				★						◆				★					
▲			Y		!!	♥×	Y×					▲			Y		!	♥×	Y×					▲			Y		!

5月

1	2	3	4	5	6	7	8	9	10	11	12	13	14	15	16	17	18	19	20	21	22	23	24	25	26	27	28	29	30	31
◆				★						◆				★						◆				★						◆
♥×	Y×					▲			Y		!	♥×	Y×					▲			Y		!!	♥×	Y×				◎	▲

6月

寿ゾーン「起」の月（6日〜）

1	2	3	4	5	6	7	8	9	10	11	12	13	14	15	16	17	18	19	20	21	22	23	24	25	26	27	28	29	30
			★						◆				★						◆				★						◆
		Y		!!	♥×	Y×					▲			Y		!	♥×	Y×					▲			Y		!	♥×

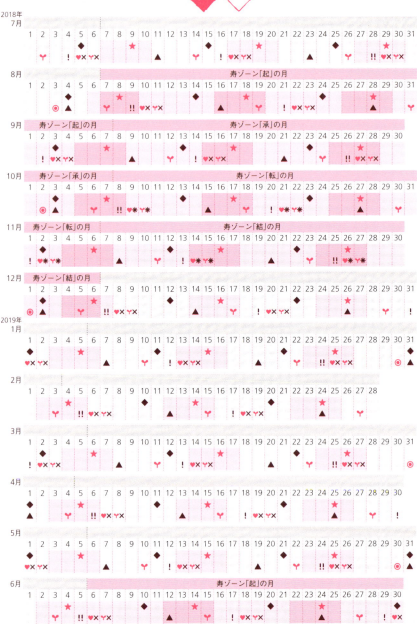

梅 14

2018年

7月

1	2	3	4	5	6	7	8	9	10	11	12	13	14	15	16	17	18	19	20	21	22	23	24	25	26	27	28	29	30	31
				◆				★						◆				★						◆				★		
▲	!		Y			♥					Y	▲	!		Y			♥					Y	▲	!		Y			♥

8月

寿ゾーン「起」の月

1	2	3	4	5	6	7	8	9	10	11	12	13	14	15	16	17	18	19	20	21	22	23	24	25	26	27	28	29	30	31
			◆				★						◆				★						◆				★			
				Y	▲	!!	×	Y×			♥	◎				Y	▲	!!	×	Y×			♥					Y	▲	!

9月

寿ゾーン「起」の月　寿ゾーン「承」の月

1	2	3	4	5	6	7	8	9	10	11	12	13	14	15	16	17	18	19	20	21	22	23	24	25	26	27	28	29	30
		◆				★						◆				★						◆				★			
×	Y×			♥					Y	▲	!	×	Y×			♥					Y	▲	!	×	Y×			♥	

10月

寿ゾーン「承」の月　寿ゾーン「転」の月

1	2	3	4	5	6	7	8	9	10	11	12	13	14	15	16	17	18	19	20	21	22	23	24	25	26	27	28	29	30	31
		◆				★						◆				★						◆				★				
			Y	▲	!!	×	Y			♥	◎				Y	▲	!!		Y			♥					Y	▲	!	

11月

寿ゾーン「転」の月　寿ゾーン「結」の月

1	2	3	4	5	6	7	8	9	10	11	12	13	14	15	16	17	18	19	20	21	22	23	24	25	26	27	28	29	30
	◆				★						◆				★						◆				★				
Y			♥					Y	▲	!		Y			♥					Y	▲	!		Y			♥		

12月

寿ゾーン「結」の月

1	2	3	4	5	6	7	8	9	10	11	12	13	14	15	16	17	18	19	20	21	22	23	24	25	26	27	28	29	30	31
	◆				★						◆				★						◆				★					
		Y	▲	!!		Y			♥	◎				Y	▲	!!		Y			♥					Y	▲	!		Y

2019年

1月

1	2	3	4	5	6	7	8	9	10	11	12	13	14	15	16	17	18	19	20	21	22	23	24	25	26	27	28	29	30	31
◆				★						◆				★						◆				★						◆
		♥					Y	▲	!		Y			♥					Y	▲	!		Y	×	×	♥				

2月

1	2	3	4	5	6	7	8	9	10	11	12	13	14	15	16	17	18	19	20	21	22	23	24	25	26	27	28
			★						◆				★						◆				★				
Y	▲	!!		Y			♥	◎				Y	▲	!!		Y			♥					Y	▲	!	

3月

1	2	3	4	5	6	7	8	9	10	11	12	13	14	15	16	17	18	19	20	21	22	23	24	25	26	27	28	29	30	31
	◆				★						◆				★						◆				★					
Y			♥					Y	▲	!		Y			♥					Y	▲	!		Y			♥			

4月

1	2	3	4	5	6	7	8	9	10	11	12	13	14	15	16	17	18	19	20	21	22	23	24	25	26	27	28	29	30
◆				★						◆				★						◆				★					
	Y	▲	!!		Y			♥	◎				Y	▲	!!		Y			♥					Y	▲	!		Y

5月

1	2	3	4	5	6	7	8	9	10	11	12	13	14	15	16	17	18	19	20	21	22	23	24	25	26	27	28	29	30	31
◆				★						◆				★						◆				★						◆
		♥					Y	▲	!		Y			♥					Y	▲	!		Y			♥				

6月

寿ゾーン「起」の月

1	2	3	4	5	6	7	8	9	10	11	12	13	14	15	16	17	18	19	20	21	22	23	24	25	26	27	28	29	30
			★						◆				★						◆				★						◆
Y	▲	!!		Y			♥	◎				Y	▲	!!			Y		♥					Y	▲	!		Y	

梅 24

2018年 7月

	1	2	3	4	5	6	7	8	9	10	11	12	13	14	15	16	17	18	19	20	21	22	23	24	25	26	27	28	29	30	31
					◆				★						◆				★						◆				★		
	×	Y×	▲						❤	Y		!	×	Y×	▲						❤	Y		!	×	Y×	▲				

8月

	1	2	3	4	5	6	7	8	9	10	11	12	13	14	15	16	17	18	19	20	21	22	23	24	25	26	27	28	29	30	31
							寿ゾーン「起」の月																								
				◆				★						◆				★						◆				★			
		❤	Y		!	×	Y	▲						❤	Y		!!		Y	▲			◎			❤	Y		!!		Y

9月

	1	2	3	4	5	6	7	8	9	10	11	12	13	14	15	16	17	18	19	20	21	22	23	24	25	26	27	28	29	30
	寿ゾーン「起」の月							寿ゾーン「承」の月																						
			◆				★						◆				★						◆				★			
	▲						❤	Y		!		Y	▲						❤	Y		!		Y	▲					

10月

	1	2	3	4	5	6	7	8	9	10	11	12	13	14	15	16	17	18	19	20	21	22	23	24	25	26	27	28	29	30	31
	寿ゾーン「承」の月							寿ゾーン「転」の月																							
			◆				★						◆				★						◆				★				
	❤	Y		!		Y	▲						❤	Y		!!		Y	▲			◎			❤	Y		!!		Y	▲

11月

	1	2	3	4	5	6	7	8	9	10	11	12	13	14	15	16	17	18	19	20	21	22	23	24	25	26	27	28	29	30
	寿ゾーン「転」の月						寿ゾーン「結」の月																							
		◆				★						◆				★						◆				★				
						❤	Y		!		Y	▲						❤	Y		!		Y	▲						❤

12月

	1	2	3	4	5	6	7	8	9	10	11	12	13	14	15	16	17	18	19	20	21	22	23	24	25	26	27	28	29	30	31
	寿ゾーン「結」の月																														
		◆				★						◆				★						◆				★					
	Y		!		Y	▲						❤	Y		!!		Y	▲			◎			❤	Y		!!		Y	▲	

2019年 1月

	1	2	3	4	5	6	7	8	9	10	11	12	13	14	15	16	17	18	19	20	21	22	23	24	25	26	27	28	29	30	31
	◆				★						◆				★						◆				★						◆
					❤	Y		!		Y	▲						❤	Y		!		Y	▲							❤	Y

2月

	1	2	3	4	5	6	7	8	9	10	11	12	13	14	15	16	17	18	19	20	21	22	23	24	25	26	27	28
				★						◆				★						◆				★				
	!		Y	▲						❤	Y		!!		Y	▲			◎			❤	Y		!!		Y	▲

3月

	1	2	3	4	5	6	7	8	9	10	11	12	13	14	15	16	17	18	19	20	21	22	23	24	25	26	27	28	29	30	31
		◆				★						◆				★						◆				★					
						❤	Y		!		Y	▲						❤	Y		!		Y	▲						❤	Y

4月

	1	2	3	4	5	6	7	8	9	10	11	12	13	14	15	16	17	18	19	20	21	22	23	24	25	26	27	28	29	30
	◆				★						◆				★						◆				★					
		!		Y	▲						❤	Y		!!		Y	▲			◎			❤	Y		!!		Y	▲	

5月

	1	2	3	4	5	6	7	8	9	10	11	12	13	14	15	16	17	18	19	20	21	22	23	24	25	26	27	28	29	30	31
	◆				★						◆				★						◆				★						◆
					❤	Y		!		Y	▲						❤	Y		!		Y	▲						❤	Y	

6月

	1	2	3	4	5	6	7	8	9	10	11	12	13	14	15	16	17	18	19	20	21	22	23	24	25	26	27	28	29	30
						寿ゾーン「起」の月																								
				★						◆				★						◆				★						◆
	!		Y	▲						❤	Y		!!	×	Y×	▲			◎			❤	Y		!!	×	Y×	▲		

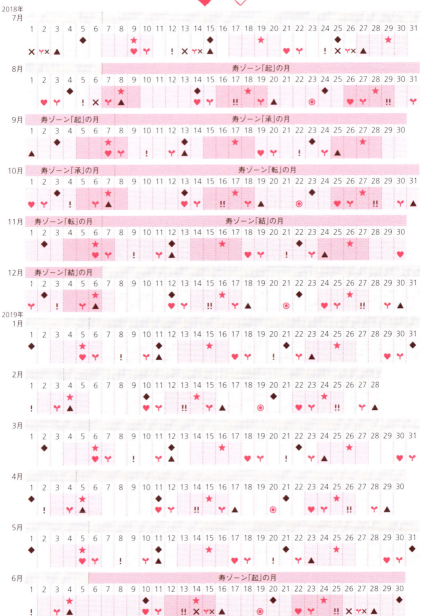

梅 34

2018年

7月	1	2	3	4	5	6	7	8	9	10	11	12	13	14	15	16	17	18	19	20	21	22	23	24	25	26	27	28	29	30	31
					◆				★						◆				★						◆				★		
				◎	▲			Y		!!	♥	Y					▲			Y		!	♥	Y					▲		

8月	1	2	3	4	5	6	7	8	9	10	11	12	13	14	15	16	17	18	19	20	21	22	23	24	25	26	27	28	29	30	31
							寿ゾーン「起」の月																								
				◆				★						◆				★						◆				★			
	Y		!	♥	Y					▲			Y		!	♥	Y					▲			Y		!!	♥	Y		

9月	1	2	3	4	5	6	7	8	9	10	11	12	13	14	15	16	17	18	19	20	21	22	23	24	25	26	27	28	29	30
	寿ゾーン「起」の月							寿ゾーン「承」の月																						
			◆				★						◆				★						◆				★			
		◎	▲			Y		!!	♥	Y					▲			Y		!	♥	Y					▲			Y

10月	1	2	3	4	5	6	7	8	9	10	11	12	13	14	15	16	17	18	19	20	21	22	23	24	25	26	27	28	29	30	31
	寿ゾーン「承」の月							寿ゾーン「転」の月																							
			◆				★						◆				★						◆				★				
		!	♥	Y					▲			Y		!	♥	Y					▲			Y		!!	♥	Y			

11月	1	2	3	4	5	6	7	8	9	10	11	12	13	14	15	16	17	18	19	20	21	22	23	24	25	26	27	28	29	30
	寿ゾーン「転」の月						寿ゾーン「結」の月																							
		◆				★						◆				★						◆				★				
	◎	▲			Y		!!	♥	Y					▲			Y		!	♥	Y					▲			Y	

12月	1	2	3	4	5	6	7	8	9	10	11	12	13	14	15	16	17	18	19	20	21	22	23	24	25	26	27	28	29	30	31
	寿ゾーン「結」の月																														
		◆				★						◆				★						◆				★					
	!	♥	Y					▲			Y		!	♥	Y					▲			Y		!!	♥	Y				◎

2019年

1月	1	2	3	4	5	6	7	8	9	10	11	12	13	14	15	16	17	18	19	20	21	22	23	24	25	26	27	28	29	30	31
	◆				★						◆				★						◆				★						◆
	▲			Y		!!	♥	Y					▲			Y		!	♥	Y					▲			Y		!	♥

2月	1	2	3	4	5	6	7	8	9	10	11	12	13	14	15	16	17	18	19	20	21	22	23	24	25	26	27	28
				★						◆				★						◆				★				
	Y					▲			Y		!	♥	Y					▲			Y		!!	♥	Y			

3月	1	2	3	4	5	6	7	8	9	10	11	12	13	14	15	16	17	18	19	20	21	22	23	24	25	26	27	28	29	30	31
		◆				★						◆				★						◆				★					
	◎	▲			Y		!!	♥	Y					▲			Y		!	♥	Y					▲			Y		!

4月	1	2	3	4	5	6	7	8	9	10	11	12	13	14	15	16	17	18	19	20	21	22	23	24	25	26	27	28	29	30
	◆				★						◆				★						◆				★					
	♥	Y					▲			Y		!	♥×	Y×					▲			Y		!!	♥×	Y×				◎

5月	1	2	3	4	5	6	7	8	9	10	11	12	13	14	15	16	17	18	19	20	21	22	23	24	25	26	27	28	29	30	31
	◆				★						◆				★						◆				★						◆
	▲			Y		!!	♥×	Y×					▲			Y		!	♥×	Y×					▲			Y		!	♥×

6月	1	2	3	4	5	6	7	8	9	10	11	12	13	14	15	16	17	18	19	20	21	22	23	24	25	26	27	28	29	30
						寿ゾーン「起」の月																								
				★						◆				★						◆				★						◆
	Y×					▲			Y		!	♥	Y					▲			Y		!!	♥	Y				◎	▲

梅 44

月	寿ゾーン	上段の記号（日：記号）	下段の記号（日：記号）
2018年 7月		5◆ 9★ 15◆ 19★ 25◆ 29★	1♥ 6Y 7▲ 8!! 10Y 13♥ 14◎ 18Y 19▲ 20!! 22Y 25♥ 30Y 31▲
8月	7〜31日：寿ゾーン「起」の月	4◆ 8★ 14◆ 18★ 24◆ 28★	1! 3Y 6♥ 11Y 12▲ 13! 15Y 18♥ 23Y 24▲ 25! 27Y 30♥
9月	1〜6日：寿ゾーン「起」の月／7〜30日：寿ゾーン「承」の月	3◆ 7★ 13◆ 17★ 23◆ 27★	4Y 5▲ 6!! 8Y 11♥ 12◎ 16Y 17▲ 18!! 20Y 23♥ 28Y 29▲ 30!
10月	1〜6日：寿ゾーン「承」の月／7〜31日：寿ゾーン「転」の月	3◆ 7★ 13◆ 17★ 23◆ 27★	2Y 5♥ 10Y 11▲ 12! 14Y 17♥ 22Y 23▲ 24! 26Y 29♥
11月	1〜6日：寿ゾーン「転」の月／7〜30日：寿ゾーン「結」の月	2◆ 6★ 12◆ 16★ 22◆ 26★	3Y 4▲ 5!! 7Y 10♥ 11◎ 15Y 16▲ 17!! 19Y 22♥ 27Y 28▲ 30!
12月	1〜6日：寿ゾーン「結」の月	2◆ 6★ 12◆ 16★ 22◆ 26★	1Y 4♥ 9Y 10▲ 11! 13Y 16♥ 21Y 22▲ 23! 25Y 28♥
2019年 1月		1◆ 5★ 11◆ 15★ 21◆ 25★ 31◆	2Y 3▲ 4!! 6Y 9♥ 10◎ 14Y 15▲ 16!! 18Y 21♥ 26Y 27▲ 28! 30Y
2月		4★ 10◆ 14★ 20◆ 24★	2♥ 7Y 8▲ 9! 10× 11Y× 14♥ 19Y 20▲ 21! 22× 23Y× 26♥
3月		2◆ 6★ 12◆ 16★ 22◆ 26★	3Y 4▲ 5!! 6× 7Y× 10♥ 11◎ 15Y 16▲ 17!! 18× 19Y× 22♥ 27Y 28▲ 29! 30× 31Y×
4月		1◆ 5★ 11◆ 15★ 21◆ 25★	3♥ 8Y 9▲ 10! 12Y 15♥ 20Y 21▲ 22! 24Y 27♥
5月		1◆ 5★ 11◆ 15★ 21◆ 25★ 31◆	2Y 3▲ 4!! 6Y 9♥ 10◎ 14Y 15▲ 16!! 18Y 21♥ 26Y 27▲ 28! 30Y
6月	6〜30日：寿ゾーン「起」の月	4★ 10◆ 14★ 20◆ 24★ 30◆	2♥ 7Y 8▲ 9! 12Y 14♥ 19Y 20▲ 21! 23Y 26♥

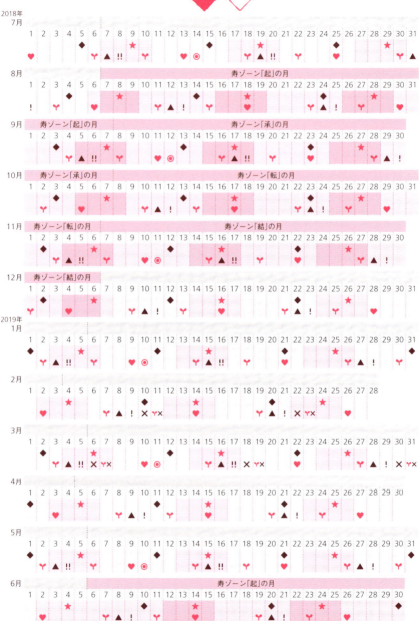

梅 54

2018年

7月

1	2	3	4	5	6	7	8	9	10	11	12	13	14	15	16	17	18	19	20	21	22	23	24	25	26	27	28	29	30	31
				◆				★						◆				★						◆				★		
		♥	Y		!		Y	▲						♥	Y		‼		Y	▲			◎			♥	Y		‼	

8月　寿ゾーン「起」の月（7日〜）

1	2	3	4	5	6	7	8	9	10	11	12	13	14	15	16	17	18	19	20	21	22	23	24	25	26	27	28	29	30	31
			◆				★						◆				★						◆				★			
Y	▲						♥	Y		!		Y	▲						♥	Y		!		Y	▲					

9月　寿ゾーン「起」の月（1〜7日）　寿ゾーン「承」の月（8日〜）

1	2	3	4	5	6	7	8	9	10	11	12	13	14	15	16	17	18	19	20	21	22	23	24	25	26	27	28	29	30
		◆				★						◆				★						◆				★			
♥	Y		!		Y	▲						♥	Y		‼		Y	▲			◎			♥	Y		‼		Y

10月　寿ゾーン「承」の月（1〜7日）　寿ゾーン「転」の月（8日〜）

1	2	3	4	5	6	7	8	9	10	11	12	13	14	15	16	17	18	19	20	21	22	23	24	25	26	27	28	29	30	31
		◆				★						◆				★						◆				★				
▲						♥	Y		!		Y	▲						♥	Y		!		Y	▲						♥

11月　寿ゾーン「転」の月（1〜6日）　寿ゾーン「結」の月（7日〜）

1	2	3	4	5	6	7	8	9	10	11	12	13	14	15	16	17	18	19	20	21	22	23	24	25	26	27	28	29	30
	◆				★						◆				★						◆				★				
Y		!		Y	▲						♥	Y		‼		Y	▲			◎			♥	Y		‼		Y	▲

12月　寿ゾーン「結」の月（1〜6日）

1	2	3	4	5	6	7	8	9	10	11	12	13	14	15	16	17	18	19	20	21	22	23	24	25	26	27	28	29	30	31
	◆				★						◆				★						◆				★					
					♥	Y		!	×	Y×	▲						♥	Y		!	×	Y×	▲						♥	Y

2019年

1月

1	2	3	4	5	6	7	8	9	10	11	12	13	14	15	16	17	18	19	20	21	22	23	24	25	26	27	28	29	30	31
◆				★						◆				★						◆				★						◆
	!	×	Y×	▲						♥	Y		‼	×	Y×	▲			◎			♥	Y		‼	×	Y×	▲		

2月

1	2	3	4	5	6	7	8	9	10	11	12	13	14	15	16	17	18	19	20	21	22	23	24	25	26	27	28
			★						◆				★						◆				★				
			♥	Y		!		Y	▲						♥	Y		!		Y	▲						♥

3月

1	2	3	4	5	6	7	8	9	10	11	12	13	14	15	16	17	18	19	20	21	22	23	24	25	26	27	28	29	30	31
	◆				★						◆				★						◆				★					
Y		!		Y	▲						♥	Y		‼		Y	▲			◎			♥	Y		‼		Y	▲	

4月

1	2	3	4	5	6	7	8	9	10	11	12	13	14	15	16	17	18	19	20	21	22	23	24	25	26	27	28	29	30
◆				★						◆				★						◆				★					
				♥	Y		!		Y	▲						♥	Y		!		Y	▲						♥	Y

5月

1	2	3	4	5	6	7	8	9	10	11	12	13	14	15	16	17	18	19	20	21	22	23	24	25	26	27	28	29	30	31
◆				★						◆				★						◆				★						◆
	!		Y	▲						♥	Y		‼		Y	▲			◎			♥	Y		‼		Y	▲		

6月　寿ゾーン「起」の月（6日〜）

1	2	3	4	5	6	7	8	9	10	11	12	13	14	15	16	17	18	19	20	21	22	23	24	25	26	27	28	29	30
			★						◆				★						◆				★						◆
			♥	Y		!		Y	▲						♥	Y		!		Y	▲						♥	Y	

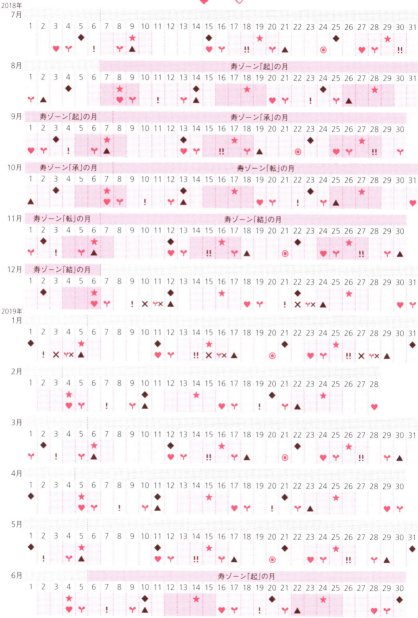

梅4の人の年間運勢

梅4の人の月運の寿ゾーンは、2018年8月7日から12月6日まで。ただし2018年と2019年は、2年続く年運の天中殺も巡っています。天中殺は人をイレギュラーな気持ちにさせる時期。さらにいつも以上に感性が鋭くなるので、守備範囲外の人にも恋をしそう。交際相手の浮気発覚の可能性も。もともと繊細なあなたを傷つける人とは、きっぱり距離を置いて。2019年は心も体もゆったりする運気で、月運の寿ゾーンは6月6日から10月7日まで。ゆるいフェロモンが溢《あふ》れ、モテ運MAX！　隙がある分、瞬間的な恋も多くなります。年間の寿ゾーンは2020年からなので、相手から押し切られ、流されての結婚は避けて。天中殺が抜け、4年間続く本格的な寿ゾーンが始まる2020年まで持てる関係ならば、結婚もあるかもしれません。

梅14の人の年間運勢

梅14の人の月間の寿ゾーンは、2018年8月7日から12月6日までの約4か月です。特に9月8日から10月7日までの出会いは、交際に発展する気配。ただしこの時期は、いつも以上にナーバスになりがち。あなたはもともと繊細な感性の持ち主。それゆえに、2018年はアウトロー的な相手にもときめきそうですが、失恋が心をえぐる運気でもあるので、上手くいかないと感じたらすぐ撤退を。2019年は、心身共におおらかになれそう。おごられる運もあります。2019年の月運の寿ゾーンは6月6日から10月7日まで。柔らかなフェロモンで、モテ運が最強に！　寿ゾーンにいる相手以外との、押し切られ婚、授かり婚は時期尚早。ここで出会い、翌年2020年から始まる、年運の寿ゾーンまで続く関係ならば、結婚に至るかもしれません。

梅24の人の年間運勢

月運の天中殺を抜けた、2018年8月7日から12月6日までが、梅24の人の月運の寿ゾーンです。ただし感性が鋭くなる時期でもあり、8月7日から9月7日までは、少し危なっかしい相手にも心惹かれそう。出会い自体はとても多いので、傷つく恋だと思ったら早々にピリオドを打ち、次へ。2019年は、もともとは繊細なあなたの心&体が、いつになくのびやかに。リラックスしたフェロモンが出て、全方位的にモテます。心身がゆるむ分、妊娠もしやすいので、望まない人は要注意の年。2月4日から3月5日までは、人間関係でも仕事でも、何かがひとつの形になって実るでしょう。6月6日から10月7日は月運の寿ゾーンです。ここから始まり、2020年から4年間続く寿ゾーンまで持ち越す関係があれば、結婚の可能性も。

梅

梅34の人の年間運勢

梅34の人の月運の寿ゾーンは、2018年8月7日から、12月6日まで。2018年はいつも以上に感性が研ぎ澄まされて、人にもコトにもケジメもつけやすい時期。腐れ縁にも区切りをつけられるでしょう。ただ寿ゾーンでは、本来はタイプではない男性にも魅力を感じそう。ですが、ひとつの関係にこだわらないで。2019年は、ゆるいフェロモンが出て、モテます。4月5日から6月5日までは、月運の天中殺。イレギュラーな恋に燃えそうですが、期間限定と考えて深入りしすぎずに、特に心身共にリラックスしている運気が巡っていることから、予期せぬ妊娠には注意。欲望に押し流されないで。6月6日から10月7日は月運の寿ゾーン。年運の寿ゾーンは2020年からと、少し間がありますが、ここでの出会いが結婚へつながる場合も。

梅44の人の年間運勢

梅44の人の、2018年の月運の寿ゾーンは8月7日から12月6日です。特に後半の11月7日からの出会いは、大きな発展が見込めるでしょう。ただし何かと口うるさくなりがちな年です。繊細な性格も拡張し、それで区切りがつく関係もありそう。2019年は、心と体がデトックスモードに。2月4日から4月4日までは、月運の天中殺の時期。ドラマチックな出来事に遭遇するかもしれませんが、本筋ではありません。6月6日から10月7日までは、再び月運の寿ゾーン。この時期は、ゆるく放たれるフェロモンが全開になり、早々から告白なんて展開も！ 年運の寿ゾーンは2020年からと、少し先。割り切って、期間限定の恋を楽しむのもアリでしょう。ただし予想外の妊娠には注意。翌年まで続いた関係は、結婚へ転じる可能性もあります。

梅54の人の年間運勢

2018年は年運は寿ゾーンではありませんが、8月7日〜12月6日の寿ゾーンには、意外に強めなモテ期が巡ります。ただしいつも以上に繊細になりがち。普段なら目もくれないような相手に入れ込んでしまう可能性も。その後にも新たな出会いが控えているので、プライドが傷つく恋、我慢する恋からは早めに撤退して。12月7日から2019年2月3日までは、年に2か月ある天中殺の時期。予想を超える恋の展開があるかもしれませんが、現実的な結婚に至る可能性は低め。ただし2019年はいい意味で心身に隙ができそう。人を受け入れるフェロモンを放ち、2018年以上にモテます。月運の寿ゾーンは、6月6日から10月7日まで。自然に親しくなれた相手と、2020年から始まる4年間続く年運の寿ゾーンで話がまとまる可能性が。

富士

KOTOBUKI ZONE

FUJI

どっしりと構えて、遠くからも目につく富山士のように、あなたは、ゆったりと落ち着いた雰囲気で人を引き寄せる人です。必要以上に自分を飾り立てたり、大きく見せようとしないのに、自然に人が集まるのは、あなたがおおらかで、どことなく温かく、どんな人も拒まないような鷹揚《おうよう》な包容力の持ち主だから。実直で、真面目、そしてどこか可愛いチャーミングな雰囲気を何歳になっても失わないタイプです。

富士山は、多少のことで揺れず、そこにあるもの。あなたもちょっとしたことではブレない信念や自分なりのスタイルを持ち、それが人に安心感や安定感を与えますが、反面、機敏さや繊細さには欠ける面もあり、普段はあまりアクティブな積極性を感じさせません。頑固で受け身。慎重でなかなか物事を決められないこともしばしば。ただ動くときは、意外に大胆。時折、思い切った決断と選択で周囲を驚かすこともあります。

富士の人の恋愛と結婚

大らかで飾り気がなく、どんな相手でも拒まない包容力を持つあなたに、身近にいる人は心地よい安らぎを覚えます。でも富士の人は、とことん理想の恋人を追い求め、結婚でも自分の価値観やポリシーを曲げない、不器用なまでの頑固さを持つタイプ。そんな相手のことを考えずに自分のスタイルを貫こうとする姿勢は、縁が成就する可能性を狭め、恋人が離れていく原因を作ってしまいます。

　そんな富士の人に効果的な恋愛サクセス法は、あなたのキャラが伝わる生活範囲内にターゲットを引き寄せて、できるだけ一緒の時間を過ごすこと。実際にあなたの〝何をしてもなぜか憎めない不思議な魅力〟を感じてもらえれば、強いこだわりにも理解を示してくれるはずです。

　実は、富士の人はどっしりしているようで神経がとてもが細やか。くよくよ悩んだり考えすぎたりすることが多く、また、のんびり屋でもあるので、交際や結婚のタイミングを逃してしまう恐れがあります。気になる相手からの好意を感じたら、あなたに興味を示しているうちに、何だかの意思表示は絶対すべき。あなたにお似合いなのは、物静かな雰囲気の、知的で誠実な異性。そんな人に出会えたら、きちんと向き合って、素早く決断を。

富士の人の仕事とお金

地味な存在のようでいて、おおらかで話しやすく、多少のことでは動じない富士の人は、年下からも年上からも頼られる職場の人気者です。でもその反面、相手や状況に合わせて自分を変えるのが大の苦手で、一度決めたことや信じた価値観は、滅多なことで変えない頑固さも持ち合わせています。

普段はおっとりしていても、動き出すと豪放で、こうと決めたら他人の意見に耳を貸さず、周りを巻き込んで自分のスタイルを貫いていきます。時には頑固すぎて融通が利かない人とも取られがちですが、その力強さは、大きな仕事も成し遂げるパワーにもなります。

成功と失敗の分岐になるのが、仕事に対するブレない信念とスタイルを持っているかどうか。その思いを貫くことで、あなたの周りに集まる人たちの指示を得ながら、さらにダイナミックに物事を動かしていけます。

そんな富士の人ですが、実は神経が細やかで悩みすぎる面が。チャンスをもらったら、あれこれ考える前に引き受けてしまいましょう。お金も、自分から求めるより、お金が自分に向かってくるように仕向けるのがポイント。周りの人に優しくし、感謝の気持ちが利益を生む流れを作りましょう。「損して得取れ」の精神こそが大事です。

富士の人の開運ポイント

山は、自分のほうから立ちあがって動きません。富士タイプの人の長所は、そのドンとした存在感と優しいぬくもりです。その時、その場であれこれ美味しいことや損得を考えて、ちょこまか動いたり、クルクルと態度を変えるようなことがあると、富士タイプの魅力は半減です。状況をしっかり受け止め、それに逐一対処していくようなことは得意ですが、早い者勝ち、スピードが勝負的な環境にはあまり向きません。

本来、強い人気運を持っているので、自信を持って、まずは自分の能力である優しさ、サービス精神で人や物を惹《ひ》きつけていきましょう。人気は富士タイプの人の運気のバロメーターでもあります。人や物を集めるために空気や流行を読んで、それに合わせたり、人が求めていることに思いやりをもって応えていくことも大事。そうやってあまり動かずに自分を磨いていれば、富士タイプの人の運気は必ず上がっていきます。

もちろん富士タイプの人も自分から動いて決断したいとき、しなければならないことはあります。そのときは、ノリや衝動、周囲に流されることなく、じっくりと考え、納得のいく形で決めましょう。そうすれば、間違いのない選択ができ、人もついてきます。

2018年

7月

1	2	3	4	5	6	7	8	9	10	11	12	13	14	15	16	17	18	19	20	21	22	23	24	25	26	27	28	29	30	31
							◆		★								◆		★								◆		★	
		Y	♥	!×	×	Y			▲					Y	♥	!×	×	Y			▲					Y	♥	!!×	×	Y

8月

1	2	3	4	5	6	7	8	9	10	11	12	13	14	15	16	17	18	19	20	21	22	23	24	25	26	27	28	29	30	31
						◆		★								◆		★								◆		★		
		▲	◎				Y	♥	!!×	×	Y			▲					Y	♥	!×	×	Y			▲				

9月

1	2	3	4	5	6	7	8	9	10	11	12	13	14	15	16	17	18	19	20	21	22	23	24	25	26	27	28	29	30
					◆		★								◆		★								◆		★		
Y	♥	!×	×	Y			▲					Y	♥	!×	×	Y			▲					Y	♥	!!×	×	Y	

10月 寿ゾーン「起」の月（8日〜）

1	2	3	4	5	6	7	8	9	10	11	12	13	14	15	16	17	18	19	20	21	22	23	24	25	26	27	28	29	30	31
					◆		★								◆		★								◆		★			
	▲	◎				Y	♥	!!✳	✳	Y			▲					Y	♥	!✳	✳	Y			▲					Y

11月 寿ゾーン「起」の月（1日〜6日） 寿ゾーン「承」の月（7日〜）

1	2	3	4	5	6	7	8	9	10	11	12	13	14	15	16	17	18	19	20	21	22	23	24	25	26	27	28	29	30
				◆		★								◆		★								◆		★			
♥	!✳	✳	Y			▲					Y	♥	!✳	✳	Y			▲					Y	♥	!!✳	✳	Y		

12月 寿ゾーン「承」の月（1日〜6日） 寿ゾーン「転」の月（7日〜）

1	2	3	4	5	6	7	8	9	10	11	12	13	14	15	16	17	18	19	20	21	22	23	24	25	26	27	28	29	30	31
				◆		★								◆		★								◆		★				
▲	◎				Y	♥	!!×	×	Y			▲					Y	♥	!×	×	Y			▲					Y	♥

2019年

1月 寿ゾーン「転」の月（1日〜5日） 寿ゾーン「結」の月（6日〜）

1	2	3	4	5	6	7	8	9	10	11	12	13	14	15	16	17	18	19	20	21	22	23	24	25	26	27	28	29	30	31
			◆		★								◆		★								◆		★					
!×	×	Y			▲					Y	♥	!×	×	Y			▲					Y	♥	!!×	×	Y			▲	◎

2月 寿ゾーン「結」の月（1日〜3日）

1	2	3	4	5	6	7	8	9	10	11	12	13	14	15	16	17	18	19	20	21	22	23	24	25	26	27	28
		◆		★								◆		★								◆		★			
			Y	♥	!!×	×	Y			▲					Y	♥	!×	×	Y			▲					Y

3月

1	2	3	4	5	6	7	8	9	10	11	12	13	14	15	16	17	18	19	20	21	22	23	24	25	26	27	28	29	30	31
				◆		★								◆		★								◆		★				
♥	!×	×	Y			▲					Y	♥	!×	×	Y			▲					Y	♥	!!×	×	Y			▲

4月

1	2	3	4	5	6	7	8	9	10	11	12	13	14	15	16	17	18	19	20	21	22	23	24	25	26	27	28	29	30
			◆		★								◆		★								◆		★				
◎				Y	♥	!!×	×	Y			▲					Y	♥	!×	×	Y			▲					Y	♥

5月

1	2	3	4	5	6	7	8	9	10	11	12	13	14	15	16	17	18	19	20	21	22	23	24	25	26	27	28	29	30	31
			◆		★								◆		★								◆		★					
!×	×	Y			▲					Y	♥	!×	×	Y			▲					Y	♥	!!×	×	Y			▲	◎

6月

1	2	3	4	5	6	7	8	9	10	11	12	13	14	15	16	17	18	19	20	21	22	23	24	25	26	27	28	29	30
		◆		★								◆		★								◆		★					
			Y	♥	!!×	×	Y			▲					Y	♥	!×	×	Y			▲					Y	♥	!×

富士 15

2018年

7月

1	2	3	4	5	6	7	8	9	10	11	12	13	14	15	16	17	18	19	20	21	22	23	24	25	26	27	28	29	30	31
							◆		★								◆		★								◆		★	
Y		!		Y	♥						▲	Y		!		Y	♥						▲	Y		!		Y	♥	

8月

1	2	3	4	5	6	7	8	9	10	11	12	13	14	15	16	17	18	19	20	21	22	23	24	25	26	27	28	29	30	31
						◆		★								◆		★								◆		★		
				▲	Y		!!×	×	Y	♥			◎			▲	Y		!!×	×	Y	♥						▲	Y	

9月

1	2	3	4	5	6	7	8	9	10	11	12	13	14	15	16	17	18	19	20	21	22	23	24	25	26	27	28	29	30
					◆		★								◆		★								◆		★		
!×	×	Y	♥						▲	Y		!×	×	Y	♥						▲	Y		!×	×	Y	♥		

10月

寿ゾーン「起」の月（8日〜）

1	2	3	4	5	6	7	8	9	10	11	12	13	14	15	16	17	18	19	20	21	22	23	24	25	26	27	28	29	30	31
					◆		★								◆		★								◆		★			
			▲	Y		!!×		Y	♥			◎			▲	Y		!!		Y	♥						▲	Y		!

11月

寿ゾーン「起」の月（1〜6日） 寿ゾーン「承」の月（7日〜）

1	2	3	4	5	6	7	8	9	10	11	12	13	14	15	16	17	18	19	20	21	22	23	24	25	26	27	28	29	30
				◆		★								◆		★								◆		★			
	Y	♥						▲	Y		!		Y	♥						▲	Y		!		Y	♥			

12月

寿ゾーン「承」の月（1〜6日） 寿ゾーン「転」の月（7日〜）

1	2	3	4	5	6	7	8	9	10	11	12	13	14	15	16	17	18	19	20	21	22	23	24	25	26	27	28	29	30	31
				◆		★								◆		★								◆		★				
		▲	Y		!!		Y	♥			◎			▲	Y		!!		Y	♥						▲	Y		!	

2019年

1月

寿ゾーン「転」の月（1〜5日） 寿ゾーン「結」の月（6日〜）

1	2	3	4	5	6	7	8	9	10	11	12	13	14	15	16	17	18	19	20	21	22	23	24	25	26	27	28	29	30	31
			◆		★								◆		★								◆		★					
Y	♥						▲	Y		!		Y	♥						▲	Y		!		Y	♥					

2月

寿ゾーン「結」の月（1〜3日）

1	2	3	4	5	6	7	8	9	10	11	12	13	14	15	16	17	18	19	20	21	22	23	24	25	26	27	28
		◆		★								◆		★								◆		★			
▲	Y		!!		Y	♥			◎			▲	Y		!!		Y	♥						▲	Y		!

3月

1	2	3	4	5	6	7	8	9	10	11	12	13	14	15	16	17	18	19	20	21	22	23	24	25	26	27	28	29	30	31
				◆		★								◆		★								◆		★				
	Y	♥						▲	Y		!		Y	♥						▲	Y		!		Y	♥				

4月

1	2	3	4	5	6	7	8	9	10	11	12	13	14	15	16	17	18	19	20	21	22	23	24	25	26	27	28	29	30
			◆		★								◆		★								◆		★				
	▲	Y		!!		Y	♥			◎			▲	Y		!!		Y	♥						▲	Y		!	

5月

1	2	3	4	5	6	7	8	9	10	11	12	13	14	15	16	17	18	19	20	21	22	23	24	25	26	27	28	29	30	31
			◆		★								◆		★								◆		★					
Y	♥						▲	Y		!		Y	♥						▲	Y		!		Y	♥					

6月

1	2	3	4	5	6	7	8	9	10	11	12	13	14	15	16	17	18	19	20	21	22	23	24	25	26	27	28	29	30
		◆		★								◆		★								◆		★					
▲	Y		!!		Y	♥			◎			▲	Y		!!		Y	♥						▲	Y		!		Y

2018年
7月

1	2	3	4	5	6	7	8	9	10	11	12	13	14	15	16	17	18	19	20	21	22	23	24	25	26	27	28	29	30	31
							◆		★								◆		★								◆		★	
!!×	▲×	Y					♥			Y		!×	▲×	Y					♥			Y		!×	▲×	Y				

8月

1	2	3	4	5	6	7	8	9	10	11	12	13	14	15	16	17	18	19	20	21	22	23	24	25	26	27	28	29	30	31
						◆		★								◆		★								◆		★		
♥			Y		!×	▲	Y					♥			Y		!!	▲	Y				◎	♥			Y		!!	▲

9月

1	2	3	4	5	6	7	8	9	10	11	12	13	14	15	16	17	18	19	20	21	22	23	24	25	26	27	28	29	30
					◆		★								◆		★								◆		★		
Y					♥			Y		!	▲	Y					♥			Y		!	▲	Y					♥

10月
寿ゾーン「起」の月（8日～）

1	2	3	4	5	6	7	8	9	10	11	12	13	14	15	16	17	18	19	20	21	22	23	24	25	26	27	28	29	30	31
					◆		★								◆		★								◆		★			
		Y		!		Y					♥			Y		!!	▲	Y				◎	♥			Y		!!	▲	Y

11月
寿ゾーン「起」の月（1日～5日）　寿ゾーン「承」の月（6日～）

1	2	3	4	5	6	7	8	9	10	11	12	13	14	15	16	17	18	19	20	21	22	23	24	25	26	27	28	29	30
				◆		★								◆		★								◆		★			
				♥			Y		!	▲	Y					♥			Y		!	▲	Y					♥	

12月
寿ゾーン「承」の月（1日～5日）　寿ゾーン「転」の月（6日～）

1	2	3	4	5	6	7	8	9	10	11	12	13	14	15	16	17	18	19	20	21	22	23	24	25	26	27	28	29	30	31
				◆		★								◆		★								◆		★				
	Y		!	▲	Y					♥			Y		!!	▲	Y				◎	♥			Y		!!	▲	Y	

2019年
1月
寿ゾーン「転」の月（1日～5日）　寿ゾーン「結」の月（6日～）

1	2	3	4	5	6	7	8	9	10	11	12	13	14	15	16	17	18	19	20	21	22	23	24	25	26	27	28	29	30	31
			◆		★								◆		★								◆		★					
			♥			Y		!	▲	Y					♥			Y		!	▲	Y					♥			Y

2月
寿ゾーン「結」の月（1日～3日）

1	2	3	4	5	6	7	8	9	10	11	12	13	14	15	16	17	18	19	20	21	22	23	24	25	26	27	28
		◆		★								◆		★								◆		★			
	!		Y					♥			Y		!!	▲	Y				◎	♥			Y		!!	▲	Y

3月

1	2	3	4	5	6	7	8	9	10	11	12	13	14	15	16	17	18	19	20	21	22	23	24	25	26	27	28	29	30	31
				◆		★								◆		★								◆		★				
				♥			Y		!	▲	Y					♥			Y		!	▲	Y					♥		

4月

1	2	3	4	5	6	7	8	9	10	11	12	13	14	15	16	17	18	19	20	21	22	23	24	25	26	27	28	29	30
			◆		★								◆		★								◆		★				
Y		!	▲	Y					♥			Y		!!	▲	Y				◎	♥			Y		!!	▲	Y	

5月

1	2	3	4	5	6	7	8	9	10	11	12	13	14	15	16	17	18	19	20	21	22	23	24	25	26	27	28	29	30	31
			◆		★								◆		★								◆		★					
			♥			Y		!	▲	Y					♥			Y		!	▲	Y					♥			Y

6月

1	2	3	4	5	6	7	8	9	10	11	12	13	14	15	16	17	18	19	20	21	22	23	24	25	26	27	28	29	30
		◆		★								◆		★								◆		★					
	!		Y					♥			Y		!!×	▲×	Y				◎	♥			Y		!!×	▲×	Y		

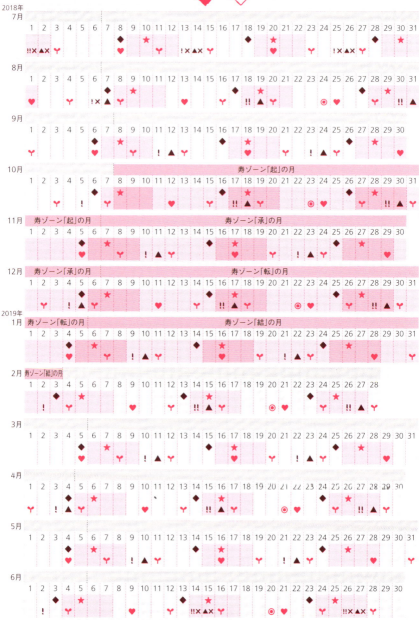

2018年
7月

1	2	3	4	5	6	7	8	9	10	11	12	13	14	15	16	17	18	19	20	21	22	23	24	25	26	27	28	29	30	31
							◆		★								◆		★								◆		★	
Y			▲	◎				Y	♥	!!		Y			▲					Y	♥	!		Y			▲			

8月

1	2	3	4	5	6	7	8	9	10	11	12	13	14	15	16	17	18	19	20	21	22	23	24	25	26	27	28	29	30	31
						◆		★								◆		★								◆		★		
	Y	♥	!		Y			▲					Y	♥	!		Y			▲					Y	♥	!!		Y	

9月

1	2	3	4	5	6	7	8	9	10	11	12	13	14	15	16	17	18	19	20	21	22	23	24	25	26	27	28	29	30
					◆		★								◆		★								◆		★		
	▲	◎				Y	♥	!!		Y			▲					Y	♥	!		Y			▲				

10月　寿ゾーン「起」の月（8日〜）

1	2	3	4	5	6	7	8	9	10	11	12	13	14	15	16	17	18	19	20	21	22	23	24	25	26	27	28	29	30	31
					◆		★								◆		★								◆		★			
Y	♥	!		Y			▲					Y	♥	!		Y			▲					Y	♥	!!		Y		

11月　寿ゾーン「起」の月（1〜6日）　寿ゾーン「承」の月（7日〜）

1	2	3	4	5	6	7	8	9	10	11	12	13	14	15	16	17	18	19	20	21	22	23	24	25	26	27	28	29	30
				◆		★								◆		★								◆		★			
▲	◎				Y	♥	!!		Y			▲					Y	♥	!		Y			▲					Y

12月　寿ゾーン「承」の月（1〜6日）　寿ゾーン「転」の月（7日〜）

1	2	3	4	5	6	7	8	9	10	11	12	13	14	15	16	17	18	19	20	21	22	23	24	25	26	27	28	29	30	31
				◆		★								◆		★								◆		★				
♥	!		Y			▲					Y	♥	!		Y			▲					Y	♥	!!		Y			▲

2019年
1月　寿ゾーン「転」の月（1〜5日）　寿ゾーン「結」の月（6日〜）

1	2	3	4	5	6	7	8	9	10	11	12	13	14	15	16	17	18	19	20	21	22	23	24	25	26	27	28	29	30	31
			◆		★								◆		★								◆		★					
◎				Y	♥	!!		Y			▲					Y	♥	!		Y			▲					Y	♥	!

2月　寿ゾーン「結」の月（1〜3日）

1	2	3	4	5	6	7	8	9	10	11	12	13	14	15	16	17	18	19	20	21	22	23	24	25	26	27	28
		◆		★								◆		★								◆		★			
	Y			▲					Y	♥	!		Y			▲					Y	♥	!!		Y		

3月

1	2	3	4	5	6	7	8	9	10	11	12	13	14	15	16	17	18	19	20	21	22	23	24	25	26	27	28	29	30	31
				◆		★								◆		★								◆		★				
▲	◎				Y	♥	!!		Y			▲					Y	♥	!		Y			▲					Y	♥

4月

1	2	3	4	5	6	7	8	9	10	11	12	13	14	15	16	17	18	19	20	21	22	23	24	25	26	27	28	29	30
			◆		★								◆		★								◆		★				
!		Y			▲					Y	♥	!×	×	Y			▲					Y	♥	!!×	×	Y			▲

5月

1	2	3	4	5	6	7	8	9	10	11	12	13	14	15	16	17	18	19	20	21	22	23	24	25	26	27	28	29	30	31
			◆		★								◆		★								◆		★					
◎				Y	♥	!!×	×	Y			▲					Y	♥	!×	×	Y			▲					Y	♥	!×

6月

1	2	3	4	5	6	7	8	9	10	11	12	13	14	15	16	17	18	19	20	21	22	23	24	25	26	27	28	29	30
		◆		★								◆		★								◆		★					
×	Y			▲					Y	♥	!		Y			▲					Y	♥	!!		Y			▲	

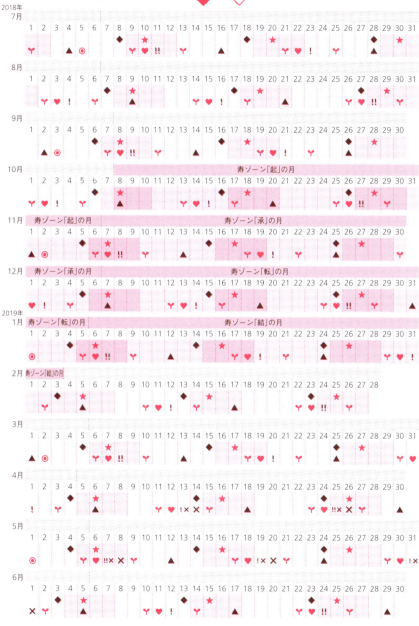

富士 45

2018年

7月

1	2	3	4	5	6	7	8	9	10	11	12	13	14	15	16	17	18	19	20	21	22	23	24	25	26	27	28	29	30	31
							◆		★								◆		★								◆		★	
					▲	Y		!!		Y	♥			◎			▲	Y		!!		Y	♥						▲	Y

8月

1	2	3	4	5	6	7	8	9	10	11	12	13	14	15	16	17	18	19	20	21	22	23	24	25	26	27	28	29	30	31
						◆		★								◆		★								◆		★		
	!		Y	♥						▲	Y		!		Y	♥						▲	Y		!		Y	♥		

9月

1	2	3	4	5	6	7	8	9	10	11	12	13	14	15	16	17	18	19	20	21	22	23	24	25	26	27	28	29	30
					◆		★								◆		★								◆		★		
			▲	Y		!!		Y	♥			◎			▲	Y		!!		Y	♥						▲	Y	

10月 （8日～）寿ゾーン「起」の月

1	2	3	4	5	6	7	8	9	10	11	12	13	14	15	16	17	18	19	20	21	22	23	24	25	26	27	28	29	30	31
					◆		★								◆		★								◆		★			
!		Y	♥						▲	Y		!		Y	♥						▲	Y		!		Y	♥			

11月 （1日～6日）寿ゾーン「起」の月 （7日～）寿ゾーン「承」の月

1	2	3	4	5	6	7	8	9	10	11	12	13	14	15	16	17	18	19	20	21	22	23	24	25	26	27	28	29	30
				◆		★								◆		★								◆		★			
		▲	Y		!!		Y	♥			◎			▲	Y		!!		Y	♥						▲	Y		!

12月 （1日～6日）寿ゾーン「承」の月 （7日～）寿ゾーン「転」の月

1	2	3	4	5	6	7	8	9	10	11	12	13	14	15	16	17	18	19	20	21	22	23	24	25	26	27	28	29	30	31
				◆		★								◆		★								◆		★				
	Y	♥						▲	Y		!		Y	♥						▲	Y		!		Y	♥				

2019年

1月 （1日～5日）寿ゾーン「転」の月 （6日～）寿ゾーン「結」の月

1	2	3	4	5	6	7	8	9	10	11	12	13	14	15	16	17	18	19	20	21	22	23	24	25	26	27	28	29	30	31
			◆		★								◆		★								◆		★					
	▲	Y		!!		Y	♥			◎			▲	Y		!!		Y	♥						▲	Y		!		Y

2月 （1日～3日）寿ゾーン「結」の月

1	2	3	4	5	6	7	8	9	10	11	12	13	14	15	16	17	18	19	20	21	22	23	24	25	26	27	28
		◆		★								◆		★								◆		★			
♥						▲	Y		!×	×	Y	♥						▲	Y		!×	×	Y	♥			

3月

1	2	3	4	5	6	7	8	9	10	11	12	13	14	15	16	17	18	19	20	21	22	23	24	25	26	27	28	29	30	31
				◆		★								◆		★								◆		★				
		▲	Y		!!×	×	Y	♥			◎			▲	Y		!!×	×	Y	♥						▲	Y		!×	×

4月

1	2	3	4	5	6	7	8	9	10	11	12	13	14	15	16	17	18	19	20	21	22	23	24	25	26	27	28	29	30
			◆		★								◆		★								◆		★				
Y	♥						▲	Y		!		Y	♥						▲	Y		!		Y	♥				

5月

1	2	3	4	5	6	7	8	9	10	11	12	13	14	15	16	17	18	19	20	21	22	23	24	25	26	27	28	29	30	31
			◆		★								◆		★								◆		★					
	▲	Y		!!		Y	♥			◎			▲	Y		!!		Y	♥						▲	Y		!		Y

6月

1	2	3	4	5	6	7	8	9	10	11	12	13	14	15	16	17	18	19	20	21	22	23	24	25	26	27	28	29	30
		◆		★								◆		★								◆		★					
♥						▲	Y		!		Y	♥						▲	Y		!		Y	♥					

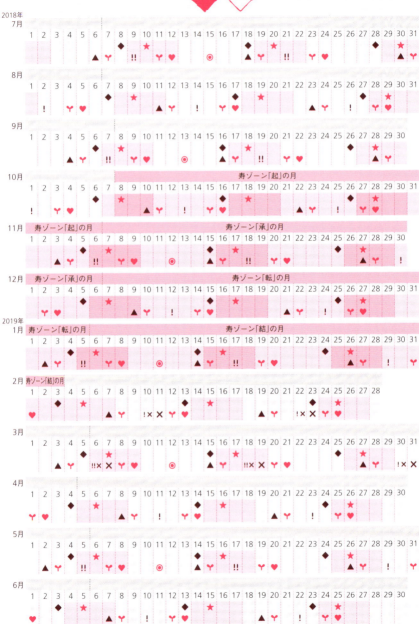

2018年
7月

1	2	3	4	5	6	7	8	9	10	11	12	13	14	15	16	17	18	19	20	21	22	23	24	25	26	27	28	29	30	31
							◆		★								◆		★								◆		★	
	♥			Y		!	▲	Y					♥			Y		!!	▲	Y				◎	♥			Y		!!

8月

1	2	3	4	5	6	7	8	9	10	11	12	13	14	15	16	17	18	19	20	21	22	23	24	25	26	27	28	29	30	31
						◆		★								◆		★								◆		★		
▲	Y					♥			Y		!	▲	Y					♥			Y		!	▲	Y					♥

9月

1	2	3	4	5	6	7	8	9	10	11	12	13	14	15	16	17	18	19	20	21	22	23	24	25	26	27	28	29	30
					◆		★								◆		★								◆		★		
		Y		!	▲	Y					♥			Y		!!	▲	Y				◎	♥			Y		!!	▲

10月

1	2	3	4	5	6	7	8	9	10	11	12	13	14	15	16	17	18	19	20	21	22	23	24	25	26	27	28	29	30	31
							寿ゾーン「起」の月																							
					◆		★								◆		★								◆		★			
Y					♥			Y		!	▲	Y					♥			Y		!	▲	Y					♥	

11月

1	2	3	4	5	6	7	8	9	10	11	12	13	14	15	16	17	18	19	20	21	22	23	24	25	26	27	28	29	30
寿ゾーン「起」の月						寿ゾーン「承」の月																							
				◆		★								◆		★								◆		★			
	Y		!	▲	Y					♥			Y		!!	▲	Y				◎	♥			Y		!!	▲	Y

12月

1	2	3	4	5	6	7	8	9	10	11	12	13	14	15	16	17	18	19	20	21	22	23	24	25	26	27	28	29	30	31
寿ゾーン「承」の月						寿ゾーン「転」の月																								
				◆		★								◆		★								◆		★				
				♥			Y		!×	▲×	Y					♥			Y		!×	▲×	Y					♥		

2019年
1月

1	2	3	4	5	6	7	8	9	10	11	12	13	14	15	16	17	18	19	20	21	22	23	24	25	26	27	28	29	30	31
寿ゾーン「転」の月					寿ゾーン「結」の月																									
			◆		★								◆		★								◆		★					
Y		!×	▲×	Y					♥			Y		!!×	▲×	Y				◎	♥			Y		!!×	▲×	Y		

2月

1	2	3	4	5	6	7	8	9	10	11	12	13	14	15	16	17	18	19	20	21	22	23	24	25	26	27	28
寿ゾーン「結」の月																											
		◆		★								◆		★								◆		★			
		♥			Y		!	▲	Y					♥			Y		!	▲	Y					♥	

3月

1	2	3	4	5	6	7	8	9	10	11	12	13	14	15	16	17	18	19	20	21	22	23	24	25	26	27	28	29	30	31
				◆		★								◆		★								◆		★				
	Y		!	▲	Y					♥			Y		!!	▲	Y				◎	♥			Y		!!	▲	Y	

4月

1	2	3	4	5	6	7	8	9	10	11	12	13	14	15	16	17	18	19	20	21	22	23	24	25	26	27	28	29	30
			◆		★								◆		★								◆		★				
			♥			Y		!	▲	Y					♥			Y		!	▲	Y					♥		

5月

1	2	3	4	5	6	7	8	9	10	11	12	13	14	15	16	17	18	19	20	21	22	23	24	25	26	27	28	29	30	31
			◆		★								◆		★								◆		★					
Y		!	▲	Y					♥			Y		!!	▲	Y				◎	♥			Y		!!	▲	Y		

6月

1	2	3	4	5	6	7	8	9	10	11	12	13	14	15	16	17	18	19	20	21	22	23	24	25	26	27	28	29	30
		◆		★								◆		★								◆		★					
		♥			Y		!	▲	Y					♥			Y		!	▲	Y					♥			Y

富士５の人の年間運勢

２０１８年は自立、独立を促す自星が巡ってきています。一人になる、個人で動くようなことが多くなりますが、それが次の月運の寿ゾーンの10月８日〜２０１９年２月３日にいろいろな出会いと発展を運びます。ただし、２０１８年は２年続く年運の天中殺も巡ってきているうえに、10月８日から12月６日までは、月運の天中殺とも重なるため、その期間はやる気はあるのに物事がうまく噛《か》み合わず、あるいは裏目に出たりして、動き出すチャンスがつかみにくそう。でも、月運の天中殺が抜ける12月７日から２０１９年２月３日までは人間関係が活発になり、新しい出会いも急増。そこでの縁が２０１９年に幸運を引き寄せることも多そうです。また、視野が狭まりやすい２０１９年３月６日から４月４日までは人間関係、健康面、金銭面で注意を。

富士15の人の年間運勢

富士15の人の月運の寿ゾーンは、２０１８年の10月８日〜２０１９年２月３日。今年始めたことや出会った人との縁が大きく花開き、２０１９年に向けていい流れを作れるときですが、そのカギになるのは今夏。８月８日から10月７日までは、１年に２か月巡ってくる月運の天中殺。電池切れのような状態になりますが、そこで無理になんとかしようとせず、一人の時間を充実させて身の回りの取捨選択を。そのほうが、その後に訪れる寿ゾーンを生かすことができます。夏のレジャーや旅行も思い切って一人でできることに挑戦して。運気が盛り上がったまま新年を迎えますが、寿ゾーンがあけたら、いったんブレーキを踏んで、本当に大切な人との時間を大切に。恋人との関係を一歩進めるなら、２０１９年６月６日以降に動くとスムーズに流れます。

富士25の人の年間運勢

富士25の人の月運の寿ゾーンは、２０１８年10月８日〜２０１９年２月３日。２０１８年は、本当の意味での自立がテーマ。特に月運の天中殺の６月６日から８月６日までに、面倒で放置していたこと、こじれた関係と向き合い、自分自身でリセットを。判断に迷ったら、人を傷つけないほうを選んで。７月に落ち込むことがあっても８月にはフォローも可能だし、手放したものがあるなら、それ以上の幸運を寿ゾーン中に受け取れます。寿ゾーンがあけても、新しい人との出会い、チャレンジも多くて楽しめますが、２０１９年３月６日から４月４日までは、柔軟になれず、些細《ささい》なことでイライラして人とぶつかる恐れが。４月に一度運気が盛り返すので、そのタイミングを逃さず、６月６日から月運の天中殺に入る前に関係性の修復をすませましょう。

富士35の人の年間運勢

富士35の人にとって2018年は60年に一度の人生のターニングポイントのような年。今後の生き方が自然に絞り込まれるような出来事があります。そこで、夏の間は一人の時間を充実させ、さらに自分を磨きながらパワーチャージを。でないと、9月8日から10月7までにストレスや疲れで運を落ち込ませてしまいます。一時的な停滞もあっても、2018年10月8日〜2019年2月3日の月運の寿ゾーン中は、向上心が上昇し、新たな目標へと気持ちがシフト。気持ちを上向きにしてくれる人や、メンタルを支えてくれる気を使わない人との出会いもあり、その流れは2019年も引き継がれます。ただし、4月5日から6月5日までは1年に2か月やってくる月運の天中殺。特にお金など、利益が絡む話の食い違いはこの前にクリアして。

富士45の人の年間運勢

富士45の人の月運の寿ゾーンは、2018年10月8日〜2019年2月3日。夏は、まったりモードになりやすいときですが、ここで気を抜くと元のペースに戻すまでに時間がかかり、寿ゾーンの波に乗りにくくなりそう。チャンスが増える秋までに、やるべきことをすませて心も体も身軽になっておけば、12月7日から1月5日ごろに訪れる素敵な出会い、結婚に向かう流れもスムーズに引き寄せられます。でも11月7日から12月6日ごろに、情に流されて行動すると後悔する恐れも。2019年2月4日から4月4日は、1年に2か月やってくる月運の天中殺。そこではスピードを緩め、現状維持を心がけて。特に2月の大切な人への思いやり不足は、大打撃につながりそう。4月5日から6月5日ごろは、将来性のある新たな出会いのチャンスが!

富士55の人の年間運勢

富士55の人の月運の寿ゾーンは、2018年10月8日〜2019年2月3日。夏からこの時期に向けて、〝今後の自分〟と向き合う機会がさらに増えていきそう。現実と向き合い、考えることも大切ですが、夏の間は何か新しいことに挑戦を。うまくいかなくても、その経験が流れを変える手助けになります。長い間悩んでいること、長い付き合いが相手の案件は、できれば寿ゾーンに入ってすぐの10月8日から11月6日までに、遅くとも12月6日までに決断を。そこではっきりしないと、1年に2か月やってくる月運の天中殺が重なる2019年12月7日から2019年2月3日までに、焦りはピークに達します。慌てて決断したり争ったりすると、人間関係をこじらせ、後々不利益を負う恐れが。急がなくていいことは2月4日以降に対処すればＯＫです。

俵

KOTOBUKI ZONE

TAWARA

お米ができるまでは、豊かな土壌とたくさんの人の手がかかるものですが、このタイプの人も、さまざまな知識や知恵、経験、技術などを吸収し、それを自分の中に凝縮させて、独自の世界を築いていきます。ですから、本質的には勉強家で努力家。興味の幅は広くて、多くを学んで熱心に自分を磨くので、多芸多才、マルチにいろいろな方面で活躍ができる資質の持ち主。特に、いろいろなものをミックスしたり、アレンジすることでは他の人にない才能を発揮することも多いでしょう。あなたは、よいことも悪いことも、自分の中で昇華して、一粒のお米、そして俵にしていく、おおいなる経験主義者です。

それだけに、どんな人とも壁を作らずに交流し、人と人との調整も上手です。そのせいか一見、ソフトなお人よしに見られますが、多くのものを抱え込んでいるだけに、意外に内面には複雑なものを秘めていて、見かけほど甘い人ではありません。

俵の人の恋愛と結婚

誰とでも仲良くなれる俵の人は、異性の友達も多く、その中から次々に恋人候補が出現します。でも、友人と恋人のボーダーラインが曖昧で決め手に欠けたり、基本的に受け身なので、相手がよほどリードしてくれないと、チャンスを逃してしまったりして、婚期も遅れがちに。それに話しやすいぶん、そのまま友人関係で定着してしまうことも。縁を発展させるには、時には男らしさや女らしさをアピールして刺激を作り、早めに恋人を親や友達に紹介して、自分の気持ちの外堀を埋める作業も必要になります。

好きな人を一人に絞り込めず、元恋人ともいつまでも連絡を取り続けるなど、そんな人間関係のカジュアルさも、恋や結婚の進展をさらに複雑にします。言い寄ってくる相手を無下にできず不倫関係を結んだり、腐れ縁を切れなかったりすることも多いかも。でも、人との間に壁を作らない俵の人は、本来いい出会いに恵まれ、人と深く付き合える交際運のあるタイプ。理想の異性は、安心して一緒に家庭を作っていける堅実的な人ですが、ちょっと癖のある人、個性的な人とも楽しく付き合うことができます。先入観を捨てていろいろな異性と接していくうちに、本当に自分が求める相手と出会えるはずです。

俵の人の仕事とお金

多くの人と交流して得た知識や情報、経験を、実際の仕事に生かすことができる俵の人は、さまざまなジャンルで活躍できるマルチプレイヤータイプ。誰とでもフランクに接するので、お人好しな印象を与えますが、実は慎重で注意深く、しっかりと物事の計算もしています。常識を踏み外さないので、多くの人に何かを伝える仕事や、誰に対しても柔軟に接しながら隠れた駆け引きもできるので、人と接するサービス業で成功しやすい傾向が。

仕事には充実感とやりがいを求め、好奇心の赴くままにチャレンジを繰り返します。その結果、あれもこれもと手を出しやすく、収拾がつかず迷走したり、途中で投げ出したりすることも。進むべき道が見えていないと、人から利用されやすく、評価ダウンにつながるので、仕事の優先順位を明確にしておくことも必要です。

マメなところがあるので、ネットオークションやフリーマーケットなどを利用して、利益は少なくても、日常的にお金を生み出す習慣を作ると金運の巡りがよくなります。節約感覚も鍛えられるので無駄使いも減るはず。また、円滑な人間関係のために、お世話になっている人や後輩にご馳走し、贈り物をあげるのも運を呼びます。

俵の人の開運ポイント

俵の中のお米は、人が手をかけなければ育たないし、収穫もできません。あなたは、土地を耕すような努力、作物を育てるような努力を何かの目的意識を持ってすることで、誰からも喜ばれる、なくてはならないお米のような存在になれる人。それがなければ、ただの雑草、スカスカのもみ殻となって人をガッカリさせる存在になってしまいます。

本来、自分から動かなくても、人やものを惹《ひ》きつける魅力を秘めているので、ひとりでコツコツとやる作業より多くの人と共に動くような生き方、環境のほうが自分を活かせますが、集まってくるものは常に玉石混交。キチンと仕分けをして、必要なものを取捨選択していかないと、いきあたりばったりの混乱した生活を招くだけ。自分が育てたい〝作物〟を少しずつ絞り込んで、雑草を間引きしながら、自分の生活、人生を整えましょう。誰にでもよい顔をして、八方美人的な対応をしていると、本当に大事な人やものを逃します。

また、好奇心の幅が広く、ちょっと欲張りな面が器用貧乏的な結果を生むことも心配。あれもこれもと手を出しすぎて、すべて中途半端な初心者で終わることも。その幅広い活動を集約して活かせるような〝核〟になるものや場所を見つけるとよいでしょう。

2018年

7月

1	2	3	4	5	6	7	8	9	10	11	12	13	14	15	16	17	18	19	20	21	22	23	24	25	26	27	28	29	30	31
★						◆				★						◆				★						◆				★
		♥	Y	×	!×		Y	▲						♥	Y	×	!×		Y	▲						♥	Y	×	!!×	

8月

1	2	3	4	5	6	7	8	9	10	11	12	13	14	15	16	17	18	19	20	21	22	23	24	25	26	27	28	29	30	31
					◆				★						◆				★						◆				★	
Y	▲			◎			♥	Y	×	!!×		Y	▲						♥	Y	×	!×		Y	▲					

9月

1	2	3	4	5	6	7	8	9	10	11	12	13	14	15	16	17	18	19	20	21	22	23	24	25	26	27	28	29	30
				◆				★						◆				★						◆				★	
♥	Y	×	!×		Y	▲						♥	Y	×	!×		Y	▲						♥	Y	×	!!×		Y

10月

1	2	3	4	5	6	7	8	9	10	11	12	13	14	15	16	17	18	19	20	21	22	23	24	25	26	27	28	29	30	31
							寿ゾーン「起」の月																							
				◆				★						◆				★						◆				★		
▲			◎			♥	Y	❋	!!❋		Y	▲						♥	Y	❋	!❋		Y	▲						♥

11月

1	2	3	4	5	6	7	8	9	10	11	12	13	14	15	16	17	18	19	20	21	22	23	24	25	26	27	28	29	30
寿ゾーン「起」の月						寿ゾーン「承」の月																							
			◆				★						◆				★						◆				★		
Y	❋	!❋		Y	▲						♥	Y	❋	!❋		Y	▲						♥	Y	❋	!!❋		Y	▲

12月

1	2	3	4	5	6	7	8	9	10	11	12	13	14	15	16	17	18	19	20	21	22	23	24	25	26	27	28	29	30	31
寿ゾーン「承」の月						寿ゾーン「転」の月																								
			◆				★						◆				★						◆				★			
		◎			♥	Y	×	!!×		Y	▲						♥	Y	×	!×		Y	▲						♥	Y

2019年

1月

1	2	3	4	5	6	7	8	9	10	11	12	13	14	15	16	17	18	19	20	21	22	23	24	25	26	27	28	29	30	31
寿ゾーン「転」の月					寿ゾーン「結」の月																									
		◆				★						◆				★						◆				★				
×	!×		Y	▲						♥	Y	×	!×		Y	▲						♥	Y	×	!!×		Y	▲		

2月

1	2	3	4	5	6	7	8	9	10	11	12	13	14	15	16	17	18	19	20	21	22	23	24	25	26	27	28
寿ゾーン「結」の月																											
	◆				★						◆				★						◆				★		
◎			♥	Y	×	!!×		Y	▲						♥	Y	×	!×		Y	▲						♥

3月

1	2	3	4	5	6	7	8	9	10	11	12	13	14	15	16	17	18	19	20	21	22	23	24	25	26	27	28	29	30	31
			◆				★						◆				★						◆				★			
Y	×	!×		Y	▲						♥	Y	×	!×		Y	▲						♥	Y	×	!!×		Y	▲	

4月

1	2	3	4	5	6	7	8	9	10	11	12	13	14	15	16	17	18	19	20	21	22	23	24	25	26	27	28	29	30
		◆				★						◆				★						◆				★			
	◎			♥	Y	×	!!×		Y	▲						♥	Y	×	!×		Y	▲						♥	Y

5月

1	2	3	4	5	6	7	8	9	10	11	12	13	14	15	16	17	18	19	20	21	22	23	24	25	26	27	28	29	30	31
		◆				★						◆				★						◆				★				
×	!×		Y	▲						♥	Y	×	!×		Y	▲						♥	Y	×	!!×		Y	▲		

6月

1	2	3	4	5	6	7	8	9	10	11	12	13	14	15	16	17	18	19	20	21	22	23	24	25	26	27	28	29	30
	◆				★						◆				★						◆				★				
◎			♥	Y	×	!!×		Y	▲						♥	Y	×	!×		Y	▲						♥	Y	×

俵 16

2018年

7月

1	2	3	4	5	6	7	8	9	10	11	12	13	14	15	16	17	18	19	20	21	22	23	24	25	26	27	28	29	30	31
★						◆				★						◆				★						◆				★
	Y		!	♥	Y					▲			Y		!	♥	Y					▲			Y		!	♥	Y	

8月

1	2	3	4	5	6	7	8	9	10	11	12	13	14	15	16	17	18	19	20	21	22	23	24	25	26	27	28	29	30	31
					◆				★						◆				★						◆				★	
			▲			Y	×	!!×	♥	Y				◎	▲			Y	×	!!×	♥	Y					▲			Y

9月

1	2	3	4	5	6	7	8	9	10	11	12	13	14	15	16	17	18	19	20	21	22	23	24	25	26	27	28	29	30
				◆				★						◆				★						◆				★	
×	!×	♥	Y					▲			Y	×	!×	♥	Y					▲			Y	×	!×	♥	Y		

10月　寿ゾーン「起」の月（8日〜）

1	2	3	4	5	6	7	8	9	10	11	12	13	14	15	16	17	18	19	20	21	22	23	24	25	26	27	28	29	30	31
				◆				★						◆				★						◆				★		
		▲			Y	×	!!	♥	Y				◎	▲			Y		!!	♥	Y					▲			Y	

11月　寿ゾーン「起」の月（1日〜7日）　寿ゾーン「承」の月（8日〜）

1	2	3	4	5	6	7	8	9	10	11	12	13	14	15	16	17	18	19	20	21	22	23	24	25	26	27	28	29	30
			◆				★						◆				★						◆				★		
!	♥	Y					▲			Y		!	♥	Y					▲			Y		!	♥	Y			

12月　寿ゾーン「承」の月（1日〜7日）　寿ゾーン「転」の月（8日〜）

1	2	3	4	5	6	7	8	9	10	11	12	13	14	15	16	17	18	19	20	21	22	23	24	25	26	27	28	29	30	31
			◆				★						◆				★						◆				★			
	▲			Y		!!	♥	Y				◎	▲			Y		!!	♥	Y					▲			Y		!

2019年

1月　寿ゾーン「転」の月（1日〜5日）　寿ゾーン「結」の月（6日〜）

1	2	3	4	5	6	7	8	9	10	11	12	13	14	15	16	17	18	19	20	21	22	23	24	25	26	27	28	29	30	31
		◆				★						◆				★						◆				★				
♥	Y					▲		Y			!	♥	Y					▲			Y		!	♥	Y					▲

2月　寿ゾーン「結」の月（1日〜3日）

1	2	3	4	5	6	7	8	9	10	11	12	13	14	15	16	17	18	19	20	21	22	23	24	25	26	27	28
	◆				★						◆				★						◆				★		
		Y		!!	♥	Y				◎	▲			Y		!!	♥	Y					▲			Y	

3月

1	2	3	4	5	6	7	8	9	10	11	12	13	14	15	16	17	18	19	20	21	22	23	24	25	26	27	28	29	30	31
			◆				★						◆				★						◆				★			
!	♥	Y					▲			Y		!	♥	Y					▲			Y		!	♥	Y				

4月

1	2	3	4	5	6	7	8	9	10	11	12	13	14	15	16	17	18	19	20	21	22	23	24	25	26	27	28	29	30
		◆				★						◆				★						◆				★			
▲			Y		!!	♥	Y				◎	▲			Y		!!	♥	Y					▲			Y		!

5月

1	2	3	4	5	6	7	8	9	10	11	12	13	14	15	16	17	18	19	20	21	22	23	24	25	26	27	28	29	30	31
		◆				★						◆				★						◆				★				
♥	Y					▲			Y		!	♥	Y					▲			Y		!	♥	Y					▲

6月

1	2	3	4	5	6	7	8	9	10	11	12	13	14	15	16	17	18	19	20	21	22	23	24	25	26	27	28	29	30
	◆				★						◆				★						◆				★				
		Y		!!	♥	Y				◎	▲			Y		!!	♥	Y					▲			Y		!	♥

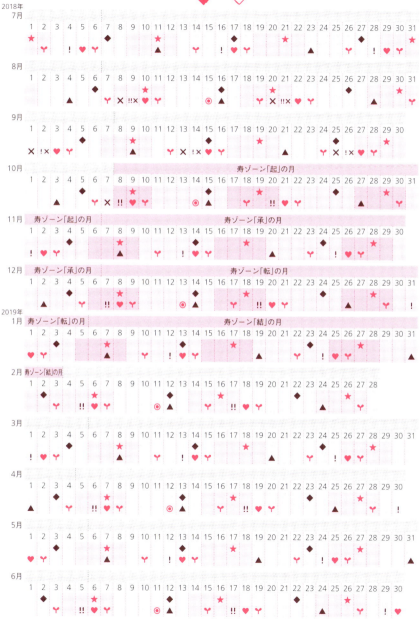

2018年

7月

1	2	3	4	5	6	7	8	9	10	11	12	13	14	15	16	17	18	19	20	21	22	23	24	25	26	27	28	29	30	31
★						◆				★						◆				★						◆				★
▲×	!!×		Y			♥					Y	▲×	!×		Y			♥					Y	▲×	!×		Y			♥

8月

1	2	3	4	5	6	7	8	9	10	11	12	13	14	15	16	17	18	19	20	21	22	23	24	25	26	27	28	29	30	31
					◆				★						◆				★						◆				★	
				Y	▲×	!		Y			♥					Y	▲	!!		Y			♥	◎				Y	▲	!!

9月

1	2	3	4	5	6	7	8	9	10	11	12	13	14	15	16	17	18	19	20	21	22	23	24	25	26	27	28	29	30
				◆				★						◆				★						◆				★	
	Y			♥					Y	▲	!		Y			♥					Y	▲	!		Y			♥	

10月

寿ゾーン「起」の月 (8日〜)

1	2	3	4	5	6	7	8	9	10	11	12	13	14	15	16	17	18	19	20	21	22	23	24	25	26	27	28	29	30	31
				◆				★						◆				★						◆				★		
			Y	▲	!		Y			♥					Y	▲	!!		Y			♥	◎					Y	▲	!!

11月

寿ゾーン「起」の月 (1日〜6日)　寿ゾーン「承」の月 (7日〜)

1	2	3	4	5	6	7	8	9	10	11	12	13	14	15	16	17	18	19	20	21	22	23	24	25	26	27	28	29	30
			◆				★						◆				★						◆				★		
Y			♥					Y	▲	!		Y			♥					Y	▲	!		Y			♥		

12月

寿ゾーン「承」の月 (1日〜6日)　寿ゾーン「転」の月 (7日〜)

1	2	3	4	5	6	7	8	9	10	11	12	13	14	15	16	17	18	19	20	21	22	23	24	25	26	27	28	29	30	31
			◆				★						◆				★						◆				★			
		Y	▲	!		Y			♥					Y	▲	!!		Y			♥	◎				Y	▲	!!		Y

2019年

1月

寿ゾーン「転」の月 (1日〜5日)　寿ゾーン「結」の月 (6日〜)

1	2	3	4	5	6	7	8	9	10	11	12	13	14	15	16	17	18	19	20	21	22	23	24	25	26	27	28	29	30	31
		◆				★						◆				★						◆				★				
		♥					Y	▲	!		Y			♥					Y	▲	!		Y			♥				

2月

寿ゾーン「結」の月 (1日〜3日)

1	2	3	4	5	6	7	8	9	10	11	12	13	14	15	16	17	18	19	20	21	22	23	24	25	26	27	28
	◆				★						◆				★						◆				★		
Y	▲	!		Y			♥					Y	▲	!!		Y			♥	◎				Y	▲	!!	

3月

1	2	3	4	5	6	7	8	9	10	11	12	13	14	15	16	17	18	19	20	21	22	23	24	25	26	27	28	29	30	31
			◆				★						◆				★						◆				★			
Y			♥					Y	▲	!		Y			♥					Y	▲	!		Y			♥			

4月

1	2	3	4	5	6	7	8	9	10	11	12	13	14	15	16	17	18	19	20	21	22	23	24	25	26	27	28	29	30
		◆				★						◆				★						◆				★			
	Y	▲	!		Y			♥					Y	▲	!!		Y			♥	◎				Y	▲	!!		Y

5月

1	2	3	4	5	6	7	8	9	10	11	12	13	14	15	16	17	18	19	20	21	22	23	24	25	26	27	28	29	30	31
		◆				★						◆				★						◆				★				
		♥					Y	▲	!		Y			♥					Y	▲	!		Y			♥				

6月

1	2	3	4	5	6	7	8	9	10	11	12	13	14	15	16	17	18	19	20	21	22	23	24	25	26	27	28	29	30
	◆				★						◆				★						◆				★				
Y	▲	!		Y			♥					Y	▲×	!!×		Y			♥	◎				Y	▲×	!!×		Y	

2018年

7月

1	2	3	4	5	6	7	8	9	10	11	12	13	14	15	16	17	18	19	20	21	22	23	24	25	26	27	28	29	30	31
★						◆				★						◆				★						◆				★
	Y	▲			◎			♥	Y		‼		Y	▲						♥	Y		!		Y	▲				

8月

1	2	3	4	5	6	7	8	9	10	11	12	13	14	15	16	17	18	19	20	21	22	23	24	25	26	27	28	29	30	31
					◆				★						◆				★						◆				★	
	♥	Y		!		Y	▲						♥	Y		!		Y	▲						♥	Y		‼		Y

9月

1	2	3	4	5	6	7	8	9	10	11	12	13	14	15	16	17	18	19	20	21	22	23	24	25	26	27	28	29	30
				◆				★						◆				★						◆				★	
▲			◎			♥	Y		‼		Y	▲						♥	Y		!		Y	▲					

10月　寿ゾーン「起」の月（8日〜）

1	2	3	4	5	6	7	8	9	10	11	12	13	14	15	16	17	18	19	20	21	22	23	24	25	26	27	28	29	30	31
				◆				★						◆				★						◆				★		
♥	Y		!		Y	▲						♥	Y		!		Y	▲						♥	Y		‼		Y	▲

11月　寿ゾーン「起」の月（1〜5日）　寿ゾーン「承」の月（6日〜）

1	2	3	4	5	6	7	8	9	10	11	12	13	14	15	16	17	18	19	20	21	22	23	24	25	26	27	28	29	30
			◆				★						◆				★						◆				★		
		◎			♥	Y		‼		Y	▲						♥	Y		!		Y	▲						♥

12月　寿ゾーン「承」の月（1〜5日）　寿ゾーン「転」の月（6日〜）

1	2	3	4	5	6	7	8	9	10	11	12	13	14	15	16	17	18	19	20	21	22	23	24	25	26	27	28	29	30	31
			◆				★						◆				★						◆				★			
Y		!		Y	▲						♥	Y		!		Y	▲						♥	Y		‼		Y	▲	

2019年

1月　寿ゾーン「転」の月（1〜4日）　寿ゾーン「結」の月（5日〜）

1	2	3	4	5	6	7	8	9	10	11	12	13	14	15	16	17	18	19	20	21	22	23	24	25	26	27	28	29	30	31
		◆				★						◆				★						◆				★				
	◎			♥	Y		‼		Y	▲						♥	Y		!		Y	▲						♥	Y	

2月　寿ゾーン「結」の月（1〜3日）

1	2	3	4	5	6	7	8	9	10	11	12	13	14	15	16	17	18	19	20	21	22	23	24	25	26	27	28
	◆				★						◆				★						◆				★		
!		Y	▲						♥	Y		!		Y	▲						♥	Y		‼		Y	▲

3月

1	2	3	4	5	6	7	8	9	10	11	12	13	14	15	16	17	18	19	20	21	22	23	24	25	26	27	28	29	30	31
			◆				★						◆				★						◆				★			
		◎			♥	Y		‼		Y	▲						♥	Y		!		Y	▲						♥	Y

4月

1	2	3	4	5	6	7	8	9	10	11	12	13	14	15	16	17	18	19	20	21	22	23	24	25	26	27	28	29	30
		◆				★						◆				★						◆				★			
	!		Y	▲						♥	Y	×	!×		Y	▲						♥	Y	×	‼×		Y	▲	

5月

1	2	3	4	5	6	7	8	9	10	11	12	13	14	15	16	17	18	19	20	21	22	23	24	25	26	27	28	29	30	31
		◆				★						◆				★						◆				★				
	◎			♥	Y	×	‼×		Y	▲						♥	Y	×	!×		Y	▲						♥	Y	×

6月

1	2	3	4	5	6	7	8	9	10	11	12	13	14	15	16	17	18	19	20	21	22	23	24	25	26	27	28	29	30
	◆				★						◆				★						◆				★				
!×		Y	▲						♥	Y		!		Y	▲						♥	Y		‼		Y	▲		

2018年

7月

1	2	3	4	5	6	7	8	9	10	11	12	13	14	15	16	17	18	19	20	21	22	23	24	25	26	27	28	29	30	31
★						◆				★						◆				★						◆				★
				▲			Y		!!	♥	Y				◎	▲			Y		!!	♥	Y					▲		

8月

1	2	3	4	5	6	7	8	9	10	11	12	13	14	15	16	17	18	19	20	21	22	23	24	25	26	27	28	29	30	31
					◆				★						◆				★						◆				★	
Y		!	♥	Y					▲			Y		!	♥	Y					▲			Y		!	♥	Y		

9月

1	2	3	4	5	6	7	8	9	10	11	12	13	14	15	16	17	18	19	20	21	22	23	24	25	26	27	28	29	30
				◆				★						◆				★						◆				★	
		▲			Y		!!	♥	Y				◎	▲			Y		!!	♥	Y					▲			Y

10月 （8日〜：寿ゾーン「起」の月）

1	2	3	4	5	6	7	8	9	10	11	12	13	14	15	16	17	18	19	20	21	22	23	24	25	26	27	28	29	30	31
				◆				★						◆				★						◆				★		
	!	♥	Y					▲			Y		!	♥	Y					▲			Y		!	♥	Y			

11月 （1〜6日：寿ゾーン「起」の月／7日〜：寿ゾーン「承」の月）

1	2	3	4	5	6	7	8	9	10	11	12	13	14	15	16	17	18	19	20	21	22	23	24	25	26	27	28	29	30
			◆				★						◆				★						◆				★		
	▲			Y		!!	♥	Y				◎	▲			Y		!!	♥	Y					▲			Y	

12月 （1〜6日：寿ゾーン「承」の月／7日〜：寿ゾーン「転」の月）

1	2	3	4	5	6	7	8	9	10	11	12	13	14	15	16	17	18	19	20	21	22	23	24	25	26	27	28	29	30	31
			◆				★						◆				★						◆				★			
!	♥	Y					▲			Y		!	♥	Y					▲			Y		!	♥	Y				

2019年

1月 （1〜5日：寿ゾーン「転」の月／6日〜：寿ゾーン「結」の月）

1	2	3	4	5	6	7	8	9	10	11	12	13	14	15	16	17	18	19	20	21	22	23	24	25	26	27	28	29	30	31
		◆				★						◆				★						◆				★				
▲			Y		!!	♥	Y				◎	▲			Y		!!	♥	Y					▲			Y		!	♥

2月 （1〜3日：寿ゾーン「結」の月）

1	2	3	4	5	6	7	8	9	10	11	12	13	14	15	16	17	18	19	20	21	22	23	24	25	26	27	28
	◆				★						◆				★						◆				★		
Y					▲			Y	×	!×	♥	Y					▲			Y	×	!×	♥	Y			

3月

1	2	3	4	5	6	7	8	9	10	11	12	13	14	15	16	17	18	19	20	21	22	23	24	25	26	27	28	29	30	31
			◆				★						◆				★						◆				★			
	▲			Y	×	!!×	♥	Y				◎	▲			Y	×	!!×	♥	Y					▲			Y	×	!×

4月

1	2	3	4	5	6	7	8	9	10	11	12	13	14	15	16	17	18	19	20	21	22	23	24	25	26	27	28	29	30
		◆				★						◆				★						◆				★			
♥	Y					▲			Y		!	♥	Y					▲			Y		!	♥	Y				

5月

1	2	3	4	5	6	7	8	9	10	11	12	13	14	15	16	17	18	19	20	21	22	23	24	25	26	27	28	29	30	31
		◆				★						◆				★						◆				★				
▲			Y		!!	♥	Y				◎	▲			Y		!!	♥	Y					▲			Y		!	♥

6月

1	2	3	4	5	6	7	8	9	10	11	12	13	14	15	16	17	18	19	20	21	22	23	24	25	26	27	28	29	30
	◆				★						◆				★						◆				★				
Y					▲			Y		!	♥	Y					▲			Y		!	♥	Y					▲

俵 56

2018年

7月

1	2	3	4	5	6	7	8	9	10	11	12	13	14	15	16	17	18	19	20	21	22	23	24	25	26	27	28	29	30	31
★						◆				★						◆				★						◆				★
♥					Y	▲	!		Y			♥					Y	▲	!!		Y			♥	◎				Y	▲

8月

1	2	3	4	5	6	7	8	9	10	11	12	13	14	15	16	17	18	19	20	21	22	23	24	25	26	27	28	29	30	31
					◆				★						◆				★						◆				★	
!!		Y			♥					Y	▲	!		Y			♥					Y	▲	!		Y			♥	

9月

1	2	3	4	5	6	7	8	9	10	11	12	13	14	15	16	17	18	19	20	21	22	23	24	25	26	27	28	29	30
				◆				★						◆				★						◆				★	
			Y	▲	!		Y			♥					Y	▲	!!		Y			♥	◎				Y	▲	!!

10月

寿ゾーン「起」の月 (8–31)

1	2	3	4	5	6	7	8	9	10	11	12	13	14	15	16	17	18	19	20	21	22	23	24	25	26	27	28	29	30	31
				◆				★						◆				★						◆				★		
	Y			♥					Y	▲	!		Y			♥					Y	▲	!		Y			♥		

11月

寿ゾーン「起」の月 (1–6) 寿ゾーン「承」の月 (7–30)

1	2	3	4	5	6	7	8	9	10	11	12	13	14	15	16	17	18	19	20	21	22	23	24	25	26	27	28	29	30
			◆				★						◆				★						◆				★		
		Y	▲	!		Y			♥					Y	▲	!!		Y			♥	◎				Y	▲	!!	

12月

寿ゾーン「承」の月 (1–6) 寿ゾーン「転」の月 (7–31)

1	2	3	4	5	6	7	8	9	10	11	12	13	14	15	16	17	18	19	20	21	22	23	24	25	26	27	28	29	30	31
			◆				★						◆				★						◆				★			
Y			♥					Y	▲×	!×		Y			♥					Y	▲×	!×		Y			♥			

2019年

1月

寿ゾーン「転」の月 (1–5) 寿ゾーン「結」の月 (6–31)

1	2	3	4	5	6	7	8	9	10	11	12	13	14	15	16	17	18	19	20	21	22	23	24	25	26	27	28	29	30	31
		◆				★						◆				★						◆				★				
	Y	▲×	!×		Y			♥					Y	▲×	!!×		Y			♥	◎				Y	▲×	!!×		Y	

2月

寿ゾーン「結」の月 (1–3)

1	2	3	4	5	6	7	8	9	10	11	12	13	14	15	16	17	18	19	20	21	22	23	24	25	26	27	28
	◆				★						◆				★						◆				★		
	♥					Y	▲	!		Y			♥					Y	▲	!		Y			♥		

3月

1	2	3	4	5	6	7	8	9	10	11	12	13	14	15	16	17	18	19	20	21	22	23	24	25	26	27	28	29	30	31
			◆				★						◆				★						◆				★			
		Y	▲	!		Y			♥					Y	▲	!!		Y			♥	◎				Y	▲	!!		Y

4月

1	2	3	4	5	6	7	8	9	10	11	12	13	14	15	16	17	18	19	20	21	22	23	24	25	26	27	28	29	30
		◆				★						◆				★						◆				★			
		♥					Y	▲	!		Y			♥					Y	▲	!		Y			♥			

5月

1	2	3	4	5	6	7	8	9	10	11	12	13	14	15	16	17	18	19	20	21	22	23	24	25	26	27	28	29	30	31
		◆				★						◆				★						◆				★				
	Y	▲	!		Y			♥					Y	▲	!!		Y			♥	◎				Y	▲	!!		Y	

6月

1	2	3	4	5	6	7	8	9	10	11	12	13	14	15	16	17	18	19	20	21	22	23	24	25	26	27	28	29	30
	◆				★						◆				★						◆				★				
	♥					Y	▲	!		Y			♥					Y	▲	!		Y			♥				

俵6の人の年間運勢

俵6の人の月運の寿ゾーンは、2018年10月8日〜2019年2月3日。ただし2018年と2019年は2年続く年運の天中殺が巡り、10月8日から12月6日までは、月運の天中殺も重なるので盛り上がりはイマイチ。本当のチャンスを実感できるのは年明けからかも。寿ゾーン前の8月7日から10月7日までも、楽しい出来事は多く、出会いも期待できますが、ここでの縁は友達止まりの予感。でも、今年つないだ縁はこの先の糧になるので、気が合う人とは連絡先の交換を。2019年2月4日から3月5日までは今までのツケを払う時期。過去の恋や過ちはここで清算し、勢いの恋愛にも手を出さないで。2019年は自分で考え行動する機会が増えていきます。人に頼れず、逆に頼られることも多いけど、そこから新しい運も生まれます。

俵16の人の年間運勢

俵16の人の、2018年の月運の寿ゾーンは2018年10月8日〜2019年2月3日。なかでも運に発展性があるのが10月8日から12月6日まで。恋を進めたいならこの時期に。願いを叶《かな》えるためには、寿ゾーン前の、1年に2か月ある月運の天中殺、8月7日から10月7日までに自分磨きをしておいて。親しい人にダメ出ししてもらい、ウィークポイントも強化しましょう。でも、9月以降は気力体力共に低下するので無理は厳禁。健康面のケアをしっかりと。2019年2月4日から3月5日までは、寿ゾーン中に感じた改善点と向き合うとき。曖昧な状態や腐れ縁をどうするか、自分の中で意思を固めて。心が揺れても意思を貫けば、新しいチャンスに巡り会いやすくなります。6月末ごろまでに気持ちの整理をつけ、一歩前進をするとベター。

俵26の人の年間運勢

俵26の人の月運の寿ゾーンは、2018年10月8日〜2019年2月3日です。8月6日までは1年に2か月ある月運の天中殺が巡っているため、夏を満喫するのはそれ以降になりますが、寿ゾーン前の9月8日からは運が上向き、楽しい話が持ち上がります。遅めの夏休みをとってやりたかったことを行動に移し始めたり、なかなか会えなかった人と会ったりして絆《きずな》を深めて。特に12月7日から1月5日までは人間関係や恋愛が活発になるので、仕事が忙しくても楽しそうなお誘いには参加を。寿ゾーンでチャンスを実感できなかった人は、2月4日から3月5日までに方向転換。幼なじみや古い知り合いに連絡を取ると、〝自分に合ったやり方〟のいいアドバイスをもらえそう。月運の天中殺に入る6月6日までに、そのやり方を確立させましょう。

俵36の人の年間運勢

俵36の人の月運の寿ゾーンは、2018年10月8日～2019年2月3日です。寿ゾーン前の7月は出会いがあってテンション高め。その反動で8月7日以降はやる気が低下。イライラすることも多いけど、無理をせずむしろ体を休める時期と割り切ると、その後の寿ゾーンが充実。公私ともにいい出会い運がありますが、恋人候補と出会っても、まずは友達から。特に11月7日から12月6日までは、自由すぎる言動は控えて。その後も運気は上向きで、変身願望が高まります。2019年は60年に一度の人生のターニングポイントのような年ですが、1年に2か月巡ってくる月運の天中殺、4月5日から6月5日までは、行動には慎重さが求められます。5月6日から6月5日までは、情に流され、優柔不断になると運が停滞するので気をつけて。

俵46の人の年間運勢

俵46の人の月運の寿ゾーンは、2018年10月8日～2019年2月3日です。夏の出費増加と人間トラブル、晩夏からの体調不調が続き、一つ一つは些細《ささい》な問題でも気分は落ち込み気味。そこで反省したり改めたりできれば、寿ゾーンに入ると少し運が好転するのを感じるはず。とはいえ10月8日から12月6日までは気が抜けず、時々ネジを巻かないといけないこともありますが、ここをクリアすれば運気は上り調子に。特に2019年1月6日から2月3日までには嬉しい出来事もありそうです。そこで動いておかないと、2月4日から4月4日までは1年に2か月やってくる月運の天中殺に入り、予想外のことに悩まされそう。急がなくていい問題は4月5日以降に先送りを。GWの予定は自分の仕切りで進めると楽しい時間が過ごせそう。

俵56の人の年間運勢

俵56の人の月運の寿ゾーンは、2018年10月8日～2019年2月3日。でも12月7日から2月3日までは、1年に2か月ある月運の天中殺が重なり、思い通りに動きにくくなります。決断や勝負をするなら12月6日までに決着を。ここでチャンスをつかめるかどうかはその前の夏の過ごし方が影響します。特に7～8月は新しいことにチャレンジして吉。自分自身や人間関係をリセットし、心と環境のデトックスを。そのあとで寿ゾーンで新たに縁をつなぎ直せば、本当に大切なものを手にできる可能性が。月運の天中殺があけても3月5日までは運気が荒れ、放置していたこと、誰かに依存していたことが問題に。慌てて動くと自分を追い詰めるので、3月6日以降から初夏にかけて何度か訪れる、発展日などの動き出すタイミングを待ちましょう。

鶴

KOTOBUKI ZONE

TSURU

優雅に空を飛ぶ鶴のように、凛《りん》とした力強さと行動力を持つ人。表面的には柔和な人に見えても、本質は剛直で、自分の意見を押し通すことはあっても、簡単には人の考えは受け入れません。パッと飛び立ってしまう鶴のごとくスパっと決断し、後ろを振り返らずに前へ進む、女性でも男前な精神の持ち主です。

迷ったり、考えたりする前に、思い立ったらすぐに動いてしまう本能的といってもいい瞬発力が特徴で、グズグズするのは大嫌い。そして、とにかく負けず嫌いで、いざとなれば戦うこと、敵を作ることも平気。安定よりも変化を求め、困難にも立ち向かって自分で道を切り開いていくファイターです。ただ鋭いくちばしが、意図せずに人を傷つけてしまうこともあり、怖い、乱暴、雑な印象を与えることも、でも正直で裏表はなく、さっぱりした人柄でもあり、逆境に強く、困難な状況、激しい競争や変化のある状況では、誰よりも頼りになる存在です。

鶴の人の恋愛と結婚

鶴の人は剛直で負けず嫌い。衝動的で考える前に行動し、大胆に我が道を進みます。だから恋愛も、自分から追いかける関係でないと満足しません。ライバルがいても気にせず、不利な状況にも立ち向かっていきます。空気を読まない大胆すぎるアプローチ、逆告白や逆プロポーズも堂々とやってのけるので、相手に引かれることもしばしば。うまくいくのは、そんなあなたを受け入れてくれる、我慢強くて、協調性のある優しい異性になります。

好きになると一途《いちず》に相手を思い、誠実に付き合います。でも、関係が落ち着くと途端に気持ちが覚める悪い癖が。交際が始まったら、自分の気持ちが盛り上がっているうちに結婚を決め、出産や子育てと、その後の目標へと目を向けていくと、運を安定させることができるでしょう。

関係がうまくいかなくなると、些細《ささい》なことでもあっという間に見切りをつけ、次へと向かう切り替えの早いところも。浅く広くの恋愛遍歴にならないよう、問題が起こったときは二人で話し合い、乗り越えることで愛を育むことも覚えましょう。また、別れ際には驚くほど冷徹になり、相手を傷つけてしまうことが。気がつかないところで大きなものを失うこともあるので、気をつけて。

鶴の人の仕事とお金

逆境に強く、困難にも立ち向かっていく気の強さと、チャレンジ精神を持つ鶴の人は、常に攻めの姿勢を崩さない挑戦者タイプ。勝利することが最大の目標で、そのためには上司や同僚とのぶつかりあいも厭《いと》いません。

群を抜いた行動力と負けん気でチャンスをものにしていきますが、すぐに答えを出したがるため、勘違いやミスも多め。じっくりと物事に取り組んで、長期的に考えることができるようになると大きく運が開けるでしょう。

なかでも、新規事業開拓などの変革を求める環境や、スピードを求められる職種では能力を活かして輝きますが、ルーティン作業が中心の穏やかな環境だと、流れを乱してトラブルメーカーに。また、信頼関係のある人には誠実に対応するのに、気に入らないことや人はバッサリと切り捨てて恨みを買うことも。自ら敵を作るような行動は慎み、味方を増やす努力も必要です。

剛直な性格なので、お金に関して細々とプランを練り、ちまちま節約をするのは苦手。何事もどんぶり勘定になりやすく、痛い目を見ることも多いはず。面倒でも、お小遣い帳程度でいいので収支を確認し、大きな買い物をするときは見積もりをとるなどして、細かく検討しましょう。

鶴

鶴の人の開運ポイント

鶴タイプの人の開運に欠かせないのは〝目的意識〟。鶴がなんの目的も理由もなく飛び立っても、ただ徘徊《はいかい》して、疲れるだけ。目指すものは、遠くの漠然としたものよりも、少し先のクリアすべき具体的な課題のようなもののほうがあなたの闘志と集中力を呼び覚ますはず。長期的な計画をコツコツと続けようとしても、すぐに飽きたり、息切れしてしまうので、一気に飛んでいけるぐらいの先に、少し高めのハードルをクリアする程度の目的達成的な戦いが理想。それを何度も繰り返すことで、鶴タイプは進化、開運できます。

そして鶴タイプは自分の気持ちをハッキリと出すので、それができない場所では自爆しがち。シビアでも自分に正直でいられる環境のほうが頑張れるのが鶴タイプです。

また自分の気に入らない人や物に対しては容赦のない態度をとりますが、あなたの言葉や態度は自分で思うよりキツく受け止められやすいので、少し気を付けて。身近な人を鋭い言葉、乱暴な対応で傷つけることもあります。あなた自身は、終わったことは引きずらず、ケロリと元通りと思っても、傷ついたほうは、なかなか割り切れないこともしばしば。そんなことで必要以上に敵を作らないように。予想外なときに足を引っ張られます。

2018年

7月

1	2	3	4	5	6	7	8	9	10	11	12	13	14	15	16	17	18	19	20	21	22	23	24	25	26	27	28	29	30	31
	★								◆		★								◆		★								◆	
	♥			Y×	×	!	◆	Y					♥			Y×	×	!	▲	Y					♥			Y×	×	!!

8月

1	2	3	4	5	6	7	8	9	10	11	12	13	14	15	16	17	18	19	20	21	22	23	24	25	26	27	28	29	30	31
★								◆		★								◆		★								◆		★
◆	Y				◎	♥			Y×	×	!!	◆	Y					♥			Y×	×	!	◆	Y					♥

9月

1	2	3	4	5	6	7	8	9	10	11	12	13	14	15	16	17	18	19	20	21	22	23	24	25	26	27	28	29	30
							◆		★								◆		★								◆		★
		Y×	×	!	◆	Y					♥			Y×	×	!	▲	Y					♥			Y×	×	!!	◆

10月

1	2	3	4	5	6	7	8	9	10	11	12	13	14	15	16	17	18	19	20	21	22	23	24	25	26	27	28	29	30	31
							◆		★								◆		★								◆		★	
Y				◎	♥			Y✱	✱	!!	◆	Y					♥			Y✱	✱	!	◆	Y					♥	

11月

1	2	3	4	5	6	7	8	9	10	11	12	13	14	15	16	17	18	19	20	21	22	23	24	25	26	27	28	29	30
						◆		★								◆		★								◆		★	
	Y✱	✱	!	◆	Y					♥			Y✱	✱	!	▲	Y					♥			Y✱	✱	!!	◆	Y

12月 寿ゾーン「起」の月（7日〜）

1	2	3	4	5	6	7	8	9	10	11	12	13	14	15	16	17	18	19	20	21	22	23	24	25	26	27	28	29	30	31
						◆		★								◆		★								◆		★		
			◎	♥			Y×	×	!!	◆	Y					♥			Y×	×	!	◆	Y					♥		

2019年

1月 寿ゾーン「起」の月（1日〜5日） 寿ゾーン「承」の月（6日〜）

1	2	3	4	5	6	7	8	9	10	11	12	13	14	15	16	17	18	19	20	21	22	23	24	25	26	27	28	29	30	31
					◆		★								◆		★								◆		★			
Y×	×	!	◆	Y					♥			Y×	×	!	▲	Y					♥			Y×	×	!!	◆	Y		

2月 寿ゾーン「承」の月（1日〜3日） 寿ゾーン「転」の月（4日〜）

1	2	3	4	5	6	7	8	9	10	11	12	13	14	15	16	17	18	19	20	21	22	23	24	25	26	27	28
				◆		★								◆		★								◆		★	
	◎	♥			Y×	×	!!	◆	Y					♥			Y×	×	!	◆	Y					♥	

3月 寿ゾーン「転」の月（1日〜5日） 寿ゾーン「結」の月（6日〜）

1	2	3	4	5	6	7	8	9	10	11	12	13	14	15	16	17	18	19	20	21	22	23	24	25	26	27	28	29	30	31
						◆		★								◆		★								◆		★		
	Y×	×	!	◆	Y					♥			Y×	×	!	▲	Y					♥			Y×	×	!!	◆	Y	

4月 寿ゾーン「結」の月（1日〜4日）

1	2	3	4	5	6	7	8	9	10	11	12	13	14	15	16	17	18	19	20	21	22	23	24	25	26	27	28	29	30
					◆		★								◆		★								◆		★		
		◎	♥			Y×	×	!!	◆	Y					♥			Y×	×	!	◆	Y					♥		

5月

1	2	3	4	5	6	7	8	9	10	11	12	13	14	15	16	17	18	19	20	21	22	23	24	25	26	27	28	29	30	31
					◆		★								◆		★								◆		★			
Y×	×	!	◆	Y					♥			Y×	×	!	▲	Y					♥			Y×	×	!!	◆	Y		

6月

1	2	3	4	5	6	7	8	9	10	11	12	13	14	15	16	17	18	19	20	21	22	23	24	25	26	27	28	29	30
				◆		★								◆		★								◆		★			
	◎	♥			Y×	×	!!	◆	Y					♥			Y×	×	!	◆	Y					♥			Y×

鶴

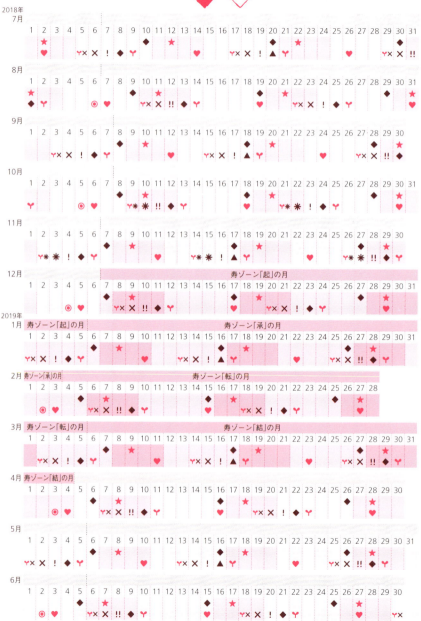

鶴 17

2018年

7月

1	2	3	4	5	6	7	8	9	10	11	12	13	14	15	16	17	18	19	20	21	22	23	24	25	26	27	28	29	30	31
	★								◆		★								◆		★								◆	
		Y	♥	!		Y			▲					Y	♥	!		Y			▲					Y	♥	!		Y

8月

1	2	3	4	5	6	7	8	9	10	11	12	13	14	15	16	17	18	19	20	21	22	23	24	25	26	27	28	29	30	31
★								◆		★								◆		★								◆		★
		▲					Y×	♥×	!!		Y			▲	◎				Y×	♥×	!!		Y			▲				

9月

1	2	3	4	5	6	7	8	9	10	11	12	13	14	15	16	17	18	19	20	21	22	23	24	25	26	27	28	29	30
							◆		★								◆		★								◆		★
Y×	♥×	!		Y			▲					Y×	♥×	!		Y			▲					Y×	♥×	!		Y	

10月

1	2	3	4	5	6	7	8	9	10	11	12	13	14	15	16	17	18	19	20	21	22	23	24	25	26	27	28	29	30	31
							◆		★								◆		★								◆		★	
	▲					Y×	♥	!!		Y			▲	◎				Y	♥	!!		Y			▲					Y

11月

1	2	3	4	5	6	7	8	9	10	11	12	13	14	15	16	17	18	19	20	21	22	23	24	25	26	27	28	29	30
						◆		★								◆		★								◆		★	
♥	!		Y			▲					Y	♥	!		Y			▲					Y	♥	!		Y		

12月

1	2	3	4	5	6	7	8	9	10	11	12	13	14	15	16	17	18	19	20	21	22	23	24	25	26	27	28	29	30	31
						寿ゾーン「起」の月																								
						◆		★								◆		★								◆		★		
▲					Y	♥	!!		Y			▲	◎				Y	♥	!!		Y			▲					Y	♥

2019年

1月

1	2	3	4	5	6	7	8	9	10	11	12	13	14	15	16	17	18	19	20	21	22	23	24	25	26	27	28	29	30	31
寿ゾーン「起」の月					寿ゾーン「承」の月																									
					◆		★								◆		★								◆		★			
!		Y			▲					Y	♥	!		Y			▲					Y	♥	!		Y			▲	◎

2月

1	2	3	4	5	6	7	8	9	10	11	12	13	14	15	16	17	18	19	20	21	22	23	24	25	26	27	28
寿ゾーン「承」の月			寿ゾーン「転」の月																								
				◆		★								◆		★								◆		★	
			Y	♥	!!		Y			▲	◎				Y	♥	!!		Y			▲					Y

3月

1	2	3	4	5	6	7	8	9	10	11	12	13	14	15	16	17	18	19	20	21	22	23	24	25	26	27	28	29	30	31
寿ゾーン「転」の月					寿ゾーン「結」の月																									
						◆		★								◆		★								◆		★		
♥	!		Y			▲					Y	♥	!		Y			▲					Y	♥	!		Y			▲

4月

1	2	3	4	5	6	7	8	9	10	11	12	13	14	15	16	17	18	19	20	21	22	23	24	25	26	27	28	29	30
寿ゾーン「結」の月																													
					◆		★								◆		★								◆		★		
				Y	♥	!!		Y			▲	◎				Y	♥	!!		Y			▲					Y	♥

5月

1	2	3	4	5	6	7	8	9	10	11	12	13	14	15	16	17	18	19	20	21	22	23	24	25	26	27	28	29	30	31
					◆		★								◆		★								◆		★			
!		Y			▲					Y	♥	!		Y			▲					Y	♥	!		Y			▲	

6月

1	2	3	4	5	6	7	8	9	10	11	12	13	14	15	16	17	18	19	20	21	22	23	24	25	26	27	28	29	30
				◆		★								◆		★								◆		★			
			Y	♥	!!		Y			▲	◎				Y	♥	!!		Y			▲					Y	♥	!

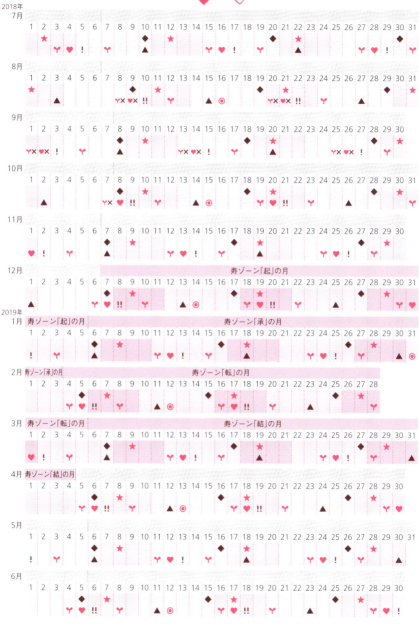

鶴 27

2018年

7月

1	2	3	4	5	6	7	8	9	10	11	12	13	14	15	16	17	18	19	20	21	22	23	24	25	26	27	28	29	30	31
	★								◆		★								◆		★								◆	
Y×	×	‼		Y	♥						▲	Y×	×	!		Y	♥						▲	Y×	×	!		Y	♥	

8月

1	2	3	4	5	6	7	8	9	10	11	12	13	14	15	16	17	18	19	20	21	22	23	24	25	26	27	28	29	30	31
★								◆		★								◆		★								◆		★
				▲	Y×		!		Y	♥						▲	Y		‼		Y	♥			◎			▲	Y	

9月

1	2	3	4	5	6	7	8	9	10	11	12	13	14	15	16	17	18	19	20	21	22	23	24	25	26	27	28	29	30
							◆		★								◆		★								◆		★
‼		Y	♥						▲	Y		!		Y	♥						▲	Y		!		Y	♥		

10月

1	2	3	4	5	6	7	8	9	10	11	12	13	14	15	16	17	18	19	20	21	22	23	24	25	26	27	28	29	30	31
							◆		★								◆		★								◆		★	
			▲	Y		!		Y	♥						▲	Y		‼		Y	♥			◎			▲	Y		‼

11月

1	2	3	4	5	6	7	8	9	10	11	12	13	14	15	16	17	18	19	20	21	22	23	24	25	26	27	28	29	30
						◆		★								◆		★								◆		★	
	Y	♥						▲	Y		!		Y	♥						▲	Y		!		Y	♥			

12月

寿ゾーン「起」の月 (7–31)

1	2	3	4	5	6	7	8	9	10	11	12	13	14	15	16	17	18	19	20	21	22	23	24	25	26	27	28	29	30	31
						◆		★								◆		★								◆		★		
		▲	Y		!		Y	♥						▲	Y		‼		Y	♥			◎			▲	Y		‼	

2019年

1月

寿ゾーン「起」の月 (1–5)　寿ゾーン「承」の月 (6–31)

1	2	3	4	5	6	7	8	9	10	11	12	13	14	15	16	17	18	19	20	21	22	23	24	25	26	27	28	29	30	31
					◆		★								◆		★								◆		★			
Y	♥						▲	Y		!		Y	♥						▲	Y		!		Y	♥					

2月

寿ゾーン「承」の月 (1–3)　寿ゾーン「転」の月 (4–28)

1	2	3	4	5	6	7	8	9	10	11	12	13	14	15	16	17	18	19	20	21	22	23	24	25	26	27	28
				◆		★								◆		★								◆		★	
▲	Y		!		Y	♥						▲	Y		‼		Y	♥			◎			▲	Y		‼

3月

寿ゾーン「転」の月 (1–5)　寿ゾーン「結」の月 (6–31)

1	2	3	4	5	6	7	8	9	10	11	12	13	14	15	16	17	18	19	20	21	22	23	24	25	26	27	28	29	30	31
						◆		★								◆		★								◆		★		
	Y	♥						▲	Y		!		Y	♥						▲	Y		!		Y	♥				

4月

寿ゾーン「結」の月 (1–4)

1	2	3	4	5	6	7	8	9	10	11	12	13	14	15	16	17	18	19	20	21	22	23	24	25	26	27	28	29	30
					◆		★								◆		★								◆		★		
	▲	Y		!		Y	♥						▲	Y		‼		Y	♥			◎			▲	Y		‼	

5月

1	2	3	4	5	6	7	8	9	10	11	12	13	14	15	16	17	18	19	20	21	22	23	24	25	26	27	28	29	30	31
					◆		★								◆		★								◆		★			
Y	♥						▲	Y		!		Y	♥						▲	Y		!		Y	♥					

6月

1	2	3	4	5	6	7	8	9	10	11	12	13	14	15	16	17	18	19	20	21	22	23	24	25	26	27	28	29	30
				◆		★								◆		★								◆		★			
▲	Y		!		Y	♥						▲	Y×	×	‼		Y	♥			◎			▲	Y×	×	‼		Y

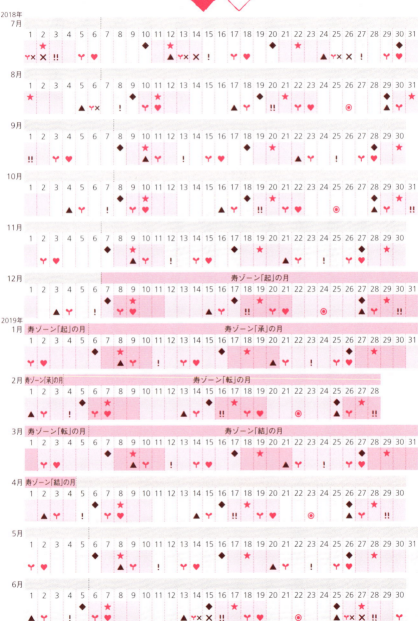

鶴 37

2018年
7月

1	2	3	4	5	6	7	8	9	10	11	12	13	14	15	16	17	18	19	20	21	22	23	24	25	26	27	28	29	30	31
	★								◆		★								◆		★								◆	
!!	▲	Y				◎	♥			Y		!!	▲	Y					♥			Y		!	▲	Y				

8月

1	2	3	4	5	6	7	8	9	10	11	12	13	14	15	16	17	18	19	20	21	22	23	24	25	26	27	28	29	30	31
★								◆		★								◆		★								◆		★
♥			Y		!	▲	Y					♥			Y		!	▲	Y					♥			Y		!!	▲

9月

1	2	3	4	5	6	7	8	9	10	11	12	13	14	15	16	17	18	19	20	21	22	23	24	25	26	27	28	29	30
							◆		★								◆		★								◆		★
Y				◎	♥			Y		!!	▲	Y					♥			Y		!	▲	Y					♥

10月

1	2	3	4	5	6	7	8	9	10	11	12	13	14	15	16	17	18	19	20	21	22	23	24	25	26	27	28	29	30	31
							◆		★								◆		★								◆		★	
		Y		!		Y					♥			Y		!	▲	Y					♥			Y		!!	▲	Y

11月

1	2	3	4	5	6	7	8	9	10	11	12	13	14	15	16	17	18	19	20	21	22	23	24	25	26	27	28	29	30
						◆		★								◆		★								◆		★	
			◎	♥			Y		!!	▲	Y					♥			Y		!	▲	Y					♥	

12月　寿ゾーン「起」の月（7日〜）

1	2	3	4	5	6	7	8	9	10	11	12	13	14	15	16	17	18	19	20	21	22	23	24	25	26	27	28	29	30	31
						◆		★								◆		★								◆		★		
	Y		!	▲	Y					♥			Y		!	▲	Y					♥			Y		!!	▲	Y	

2019年
1月　寿ゾーン「起」の月（1日〜5日）　寿ゾーン「承」の月（6日〜）

1	2	3	4	5	6	7	8	9	10	11	12	13	14	15	16	17	18	19	20	21	22	23	24	25	26	27	28	29	30	31
					◆		★								◆		★								◆		★			
		◎	♥			Y		!!	▲	Y					♥			Y		!	▲	Y					♥			Y

2月　寿ゾーン「承」の月（1日〜3日）　寿ゾーン「転」の月（4日〜）

1	2	3	4	5	6	7	8	9	10	11	12	13	14	15	16	17	18	19	20	21	22	23	24	25	26	27	28
				◆		★								◆		★								◆		★	
	!		Y					♥			Y		!	▲	Y					♥			Y		!!	▲	Y

3月　寿ゾーン「転」の月（1日〜5日）　寿ゾーン「結」の月（6日〜）

1	2	3	4	5	6	7	8	9	10	11	12	13	14	15	16	17	18	19	20	21	22	23	24	25	26	27	28	29	30	31
						◆		★								◆		★								◆		★		
			◎	♥			Y		!!	▲	Y					♥			Y		!	▲	Y					♥		

4月　寿ゾーン「結」の月（1日〜4日）

1	2	3	4	5	6	7	8	9	10	11	12	13	14	15	16	17	18	19	20	21	22	23	24	25	26	27	28	29	30
					◆		★								◆		★								◆		★		
Y		!	▲	Y					♥			Y×	×	!	▲	Y					♥			Y×	×	!!	▲	Y	

5月

1	2	3	4	5	6	7	8	9	10	11	12	13	14	15	16	17	18	19	20	21	22	23	24	25	26	27	28	29	30	31
					◆		★								◆		★								◆		★			
		◎	♥			Y×	×	!!	▲	Y					♥			Y×	×	!	▲	Y					♥			Y×

6月

1	2	3	4	5	6	7	8	9	10	11	12	13	14	15	16	17	18	19	20	21	22	23	24	25	26	27	28	29	30
				◆		★								◆		★								◆		★			
×	!		Y					♥			Y		!	▲	Y					♥			Y		!!	▲	Y		

鶴 47

2018年

7月

1	2	3	4	5	6	7	8	9	10	11	12	13	14	15	16	17	18	19	20	21	22	23	24	25	26	27	28	29	30	31
	★								◆		★								◆		★								◆	
Y			▲					Y	♥	!!		Y			▲	◎				Y	♥	!!		Y			▲			

8月

1	2	3	4	5	6	7	8	9	10	11	12	13	14	15	16	17	18	19	20	21	22	23	24	25	26	27	28	29	30	31
★								◆		★								◆		★								◆		★
	Y	♥	!		Y			▲					Y	♥	!		Y			▲					Y	♥	!		Y	

9月

1	2	3	4	5	6	7	8	9	10	11	12	13	14	15	16	17	18	19	20	21	22	23	24	25	26	27	28	29	30
							◆		★								◆		★								◆		★
✕	▲✕					Y	♥	!!		Y			▲	◎				Y	♥	!!		Y			▲				

10月

1	2	3	4	5	6	7	8	9	10	11	12	13	14	15	16	17	18	19	20	21	22	23	24	25	26	27	28	29	30	31
							◆		★								◆		★								◆		★	
Y	♥	!		Y			▲					Y	♥	!		Y			▲					Y	♥	!		Y		

11月

1	2	3	4	5	6	7	8	9	10	11	12	13	14	15	16	17	18	19	20	21	22	23	24	25	26	27	28	29	30
						◆		★								◆		★								◆		★	
▲					Y	♥	!!		Y			▲	◎				Y	♥	!!		Y			▲					Y

12月 （7日〜：寿ゾーン「起」の月）

1	2	3	4	5	6	7	8	9	10	11	12	13	14	15	16	17	18	19	20	21	22	23	24	25	26	27	28	29	30	31
						◆		★								◆		★								◆		★		
♥	!		Y			▲					Y	♥	!		Y			▲					Y	♥	!		Y			▲

2019年

1月 （1日〜5日：寿ゾーン「起」の月／6日〜：寿ゾーン「承」の月）

1	2	3	4	5	6	7	8	9	10	11	12	13	14	15	16	17	18	19	20	21	22	23	24	25	26	27	28	29	30	31
					◆		★								◆		★								◆		★			
				Y	♥	!!		Y			▲	◎				Y	♥	!!		Y			▲					Y	♥	!

2月 （1日〜3日：寿ゾーン「承」の月／4日〜：寿ゾーン「転」の月）

1	2	3	4	5	6	7	8	9	10	11	12	13	14	15	16	17	18	19	20	21	22	23	24	25	26	27	28
				◆		★								◆		★								◆		★	
	Y			▲					✕Y	✕♥	!		Y			▲					✕Y	✕♥	!		Y		

3月 （1日〜5日：寿ゾーン「転」の月／6日〜：寿ゾーン「結」の月）

1	2	3	4	5	6	7	8	9	10	11	12	13	14	15	16	17	18	19	20	21	22	23	24	25	26	27	28	29	30	31
						◆		★								◆		★								◆		★		
▲					✕Y	✕♥	!!		Y			▲	◎				✕Y	✕♥	!!		Y			▲					✕Y	✕♥

4月 （1日〜4日：寿ゾーン「結」の月）

1	2	3	4	5	6	7	8	9	10	11	12	13	14	15	16	17	18	19	20	21	22	23	24	25	26	27	28	29	30
					◆		★								◆		★								◆		★		
!		Y			▲					Y	♥	!		Y			▲					Y	♥	!		Y			▲

5月

1	2	3	4	5	6	7	8	9	10	11	12	13	14	15	16	17	18	19	20	21	22	23	24	25	26	27	28	29	30	31
					◆		★								◆		★								◆		★			
				Y	♥	!!		Y			▲	◎				Y	♥	!!		Y			▲					Y	♥	!

6月

1	2	3	4	5	6	7	8	9	10	11	12	13	14	15	16	17	18	19	20	21	22	23	24	25	26	27	28	29	30
				◆		★								◆		★								◆		★			
	Y			▲					Y	♥	!		Y			▲					Y	♥	!		Y			▲	

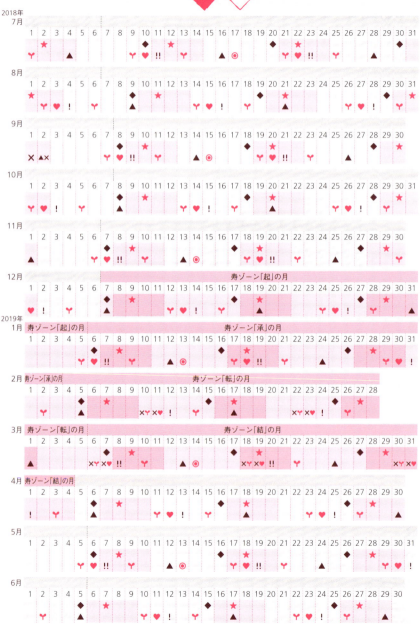

鶴 57

2018年

7月	1	2	3	4	5	6	7	8	9	10	11	12	13	14	15	16	17	18	19	20	21	22	23	24	25	26	27	28	29	30	31
		★								◆		★								◆		★								◆	
						▲	Y		!		Y	♥						▲	Y		!!		Y	♥			◎			▲	Y

8月	1	2	3	4	5	6	7	8	9	10	11	12	13	14	15	16	17	18	19	20	21	22	23	24	25	26	27	28	29	30	31
	★								◆		★								◆		★								◆		★
		!!		Y	♥						▲	Y		!		Y	♥						▲	Y		!		Y	♥		

9月	1	2	3	4	5	6	7	8	9	10	11	12	13	14	15	16	17	18	19	20	21	22	23	24	25	26	27	28	29	30
								◆		★								◆		★								◆		★
				▲	Y		!		Y	♥						▲	Y		!!		Y	♥			◎			▲	Y	

10月	1	2	3	4	5	6	7	8	9	10	11	12	13	14	15	16	17	18	19	20	21	22	23	24	25	26	27	28	29	30	31
								◆		★								◆		★								◆		★	
	!!		Y	♥						▲	Y		!		Y	♥						▲	Y		!		Y	♥			

11月	1	2	3	4	5	6	7	8	9	10	11	12	13	14	15	16	17	18	19	20	21	22	23	24	25	26	27	28	29	30
							◆		★								◆		★								◆		★	
			▲	Y		!		Y	♥						▲	Y		!!		Y	♥			◎			▲	Y		!!

寿ゾーン「起」の月

12月	1	2	3	4	5	6	7	8	9	10	11	12	13	14	15	16	17	18	19	20	21	22	23	24	25	26	27	28	29	30	31
							◆		★								◆		★								◆		★		
		Y	♥						▲	Y×	×	!		Y	♥						▲	Y×	×	!		Y	♥				

2019年

寿ゾーン「起」の月　寿ゾーン「承」の月

1月	1	2	3	4	5	6	7	8	9	10	11	12	13	14	15	16	17	18	19	20	21	22	23	24	25	26	27	28	29	30	31
						◆		★								◆		★								◆		★			
		▲	Y×	×	!		Y	♥						▲	Y×	×	!!		Y	♥			◎			▲	Y×	×	!!		Y

寿ゾーン「承」の月　寿ゾーン「転」の月

2月	1	2	3	4	5	6	7	8	9	10	11	12	13	14	15	16	17	18	19	20	21	22	23	24	25	26	27	28
					◆		★								◆		★								◆		★	
	♥						▲	Y		!		Y	♥			◎			▲	Y		!		Y	♥			

寿ゾーン「転」の月　寿ゾーン「結」の月

3月	1	2	3	4	5	6	7	8	9	10	11	12	13	14	15	16	17	18	19	20	21	22	23	24	25	26	27	28	29	30	31
							◆		★								◆		★								◆		★		
			▲	Y		!		Y	♥						▲	Y		!!		Y	♥			◎			▲	Y		!!	

寿ゾーン「結」の月

4月	1	2	3	4	5	6	7	8	9	10	11	12	13	14	15	16	17	18	19	20	21	22	23	24	25	26	27	28	29	30
						◆		★								◆		★								◆		★		
	Y	♥						▲	Y		!		Y	♥						▲	Y		!		Y	♥				

5月	1	2	3	4	5	6	7	8	9	10	11	12	13	14	15	16	17	18	19	20	21	22	23	24	25	26	27	28	29	30	31
						◆		★								◆		★								◆		★			
		▲	Y		!		Y	♥						▲	Y		!!		Y	♥			◎			▲	Y		!!		Y

6月	1	2	3	4	5	6	7	8	9	10	11	12	13	14	15	16	17	18	19	20	21	22	23	24	25	26	27	28	29	30
					◆		★								◆		★								◆		★			
	♥						▲	Y		!		Y	♥						▲	Y		!		Y	♥					

鶴7の人の年間運勢

鶴7の人の月運の寿ゾーンは、2018年12月7日～2019年4月4日。2018年は2年続く年運の天中殺が巡っているので、イレギュラーなことが起こりやすい傾向があり、2018年より前から縁のある相手とならサプライズ婚もあり。特に2月4日から3月5日に恋は動きそう。その場合は寿ゾーン前の7月7日から8月6日に、その布石になるような出来事があるかも。また10月8日から12月6日までは、1年に2か月ある月運の天中殺なのに、意外とモテたり美味しい話もあったりしそう。ただし、この時期に起こることは一時的な幸運で、手をつけるとその後の寿ゾーンのチャンスを生かしきれなくなるので注意。2019年4月5日以降は現状への不満がフツフツ。この先の自分のためになるものを学ぶ時間に当てるといいでしょう。

鶴17の人の年間運勢

鶴17の人の月運の寿ゾーンは、2018年12月7日～2019年4月4日。2018年はいろいろなことに興味が湧きすぎて、物事が散漫になりやすいとき。新しいことへのトライをしながらも、1年に2か月ある月運の天中殺の8月7日から10月7日までに、身の回りの整理をして運の軌道修正を。そうすれば月運の天中殺中も、出会いやチャレンジを楽しめます。でも、頑張りすぎると10月以降に流れを読み違えたり、体調を崩したりするかも。4か月ある寿ゾーンの中でも運のピークは12月7日から1月5日まで。素敵な出会いがあるときですが、実るまでには時間がかかりそう。流れを変えたいなら、2月4日から3月5日に尊敬できる人に相談を。習い事を始めるのも吉。4月5日以降はちょっとしたスランプ期に入るので、自分磨きに集中を。

鶴27の人の年間運勢

鶴27の人の月運の寿ゾーンは、2018年12月7日～2019年4月4日。特に2月4日から4月4日までは身近な人にときめいたり、復活愛も期待できたりするので、バレンタインのチョコは多めに配って。年間を通して発展運があるときですが、8月6日までの月運の天中殺期間は勢いがつきすぎ、何事もやりすぎてしまい、8月は対処に追われそう。そこを無難に過ごせば、10月8日以降から寿ゾーンに向けては、自分が望むものや進むべき道が見えてきます。寿ゾーン後は、うまく進んでいたことに邪魔が入ったりして運気が停滞。投げやりになっても、5月6日から6月5日までは衝動的な行動、危険な恋愛はしないように。そうすれば6月6日からは月運の天中殺に入りますが、頑張るあなたを陰からサポートしてくれる人が現れるかも。

鶴37の人の年間運勢

鶴37の人の月運の寿ゾーンは、２０１８年12月７日～２０１９年４月４日です。なかでも２０１９年１月６日から２月３日までは、こじれていた縁や出来事がほぐれやすく、自分が望む安定した方向へと仕切り直しできるチャンス。でも慎重になりすぎて自分の利益に固執すると、３月６日以降にあなたの器の小ささがクローズアップ。４月５日から６月５日までの１年に２か月やってくる月運の天中殺で理解者を失い孤立するなど、しばらく不安な気持ちを引きずることに。そうならないためには２０１８年の夏に、今の自分に不足しているものと向き合い、それを補うために次の一手を打つ必要が。そんな前向きな努力をコツコツ続けることで、刺激的な出会いにも恵まれ、イベント盛りだくさんの12月からの寿ゾーンをフルに生かせます。

鶴47の人の年間運勢

鶴47の人の月運の寿ゾーンは、２０１８年12月７日～２０１９年４月４日。その中で２月４日から４月４日までは、１年に２か月ある月運の天中殺が重なりますが、同じミスを繰り返さないように気をつけていれば意外に平穏。お見合いや婚活にチャレンジするのもいいかも。でも、寿ゾーン前の２０１８年の夏は何をしても手応えを感じられずイライラし、それを隠せずどんどん愚痴が増えそう。９月８日以降には改めないと体調や経済面でも不具合が出ます。大切なのは話し合い。自分のやり方や考え方にこだわらず、相手の話に耳を傾ければ寿ゾーンでいろいろ修復できます。寿ゾーン後も周りの変化に合わせてしまい、恋も仕事ももっさり傾向。仕切り直しができるのは２０１９年６月６日以降。価値観の異なる人との出会いが流れを変えてくれます。

鶴57の人の年間運勢

鶴57の人の月運の寿ゾーンは、２０１８年12月７日～２０１９年４月４日です。でも12月７日から２月３日までは、１年に２か月ある月運の天中殺が重なり、２月も運気の乱れがあるため、ここで一気に挽回！　とはいかないかも。慌てて動くより、冷静に物事を見られるようになる３月６日から４月４日の寿ゾーン「結の月」の期間と、その後の、物事の流れが流動的になる４月５日から６月５日までに、じっくりと自分に必要な縁を見極めて。また寿ゾーン前の２０１８年夏のうちから、できることは先に延ばさず、11月６日までに手をつけておくことも大事。特に８月７日から９月７日までは、それまでの流れを変えるような出来事が起こりやすく、考え方も変わりやすいとき。プラスにもマイナスにも心が揺れるので、迷ったら未来を感じられる選択を。

鈴

KOTOBUKI ZONE

SUZU

美しい音色で、邪を払い、福を呼びこむ象徴として神事にも使われる鈴。そんな鈴のように、このタイプの人は小さくてもキラリと光る個性を持ち、なぜか周囲から大事に扱ってもらえる性質を秘めています。あなた自身も「自分は人とは違う」という感覚を持っていますが、それは、繊細な感性からくる個性的なセンスを多くの人に認めてほしいと願う強い上昇志向が生み出す特有の意識です。そんなあなたが大事にするのは、一般的な常識や世間体よりも自分にとっての〝美意識〟。自分にとってカッコ悪いと思うことは絶対にしたくない人です。

その意味で、誰よりも見栄張りでプライドも高いけれど、神経が細やかな分、気配りもできるし、一匹狼ではなく、人間関係に巧みです。鈴は、鳴らす人、それを聞く人がいてこそのもの。組織やチームの中で自分の役割を果たしながら、自分らしい音色、輝きをスタイリッシュに求めていく人なのです。

鈴の人の恋愛と結婚

自尊心が強く、恋人やパートナーに求めるものが多い鈴の人は、自分が憧れるもの、認められるものを持った人でないと好きになりません。端麗な容姿、経済力、人気者やリーダー的存在など、世間的にわかりやすい高スペックな相手でないと納得しないでしょう。

でも、プライドの高さから、自分からアタックできないのがつらいところ。表立ったアプローチは無理でも、偶然を装いながら、少しずつ距離を縮めてみるといいかも。鈴タイプは大勢の人の中にいるとより魅力が輝くので、人の集まるパーティーやイベントで出会いを求めたり、グループデートをして関係を深めていくのも鈴の人向き。結婚相手となると、さらに周りの人の評価を気にし、全てで一流を望むので、条件から入る見合いや親の紹介で幸せを探すのもおすすめです。

交際中や結婚後も、自分が相手にどう思われているかが気になって関係がギクシャク。素直になれず、相手が離れていくことがあるかも。でも、そんな失敗から学びながら、最後は自分の理想に近い相手をつかんでいきます。ただし、あまり深く傷つくと恋に臆病になり、もっと異性に対して頑なに。最初からリラックスして異性と付き合えるメンタルを、自分で作ることも必要です。

鈴の人の仕事とお金

繊細な感受性と美的センスに優れている鈴の人は、その特別な個性を認められたいという強い上昇志向を持つタイプ。感受性と感覚を生かせる、華やかな場所と環境を探し求めることが、仕事の成功へとつながります。

自尊心が強くて好き嫌いも激しいあなたは、柔軟さに欠ける面もありますが、場の空気を読んで動くことができるため、人と関わる仕事も巧み。豊かな感受性で新しいものやスタイリッシュなものをキャッチできるので、流行のものや情報を扱う仕事も充実感を得られるはず。

上を目指す気持ちがあるものの、何事も丁寧な対応をする鈴の人は、大胆にはなりきれません。フリーランスなど一人で働くより、会社などの組織やチームに属して揉《も》まれながら、できることを増やしていくほうが、吸収するものは多いでしょう。苦労した分だけ力をつけ、成長できるのも、大きな特徴です。

センスがいいあなたは、価値あるものを見分ける能力にも恵まれています。新進気鋭のアーティストの作品、コレクターアイテムなどを、投資目的で購入すると、のちに価値が上がるかも。買い物をするなら、少し高価でも高級ブランド品や宝石など、リユースできるものにお金を使って。

鈴の人の開運ポイント

自分の独特の美意識に生きようとする鈴タイプですが、そんな自分の価値を決めるのは、周囲の評価であることもよくわかっています。そのため、あなたはどうしても、人の視線を気にします。それは悪いことではなく、その人の視線を巧みに読み取って、そこで自分の価値を認めてもらうための工夫をする、そんな小さな戦いを繰り広げているのが鈴タイプの毎日なのです。そのために技能や実力を磨き、やるべきことで結果を出しながら、より特別な存在になっていくことが鈴タイプの成功であり、幸福です。

あなたの場合、わかりやすい力強さやダイナミックな行動力などより、細やかな配慮や目配り、緻密な戦略や技能などのほうが得意技であり、そのほうが評価されやすいはず。そして自分ひとりではなく、自分の所属する組織や仲間を大切にし、尽くし、その価値を上げることが間接的に自分の価値も上げることにつながることも忘れてはいけません。

またプライドが高い分、傷つくことを恐れがちですが、本来、〝鈴〟は簡単には傷つかない硬質な素材でできています。〝守り〟に入っては鈴は鳴り響きません。自分の強さを信じて、変化を恐れず、攻めの姿勢を持ち続けることもあなたの開運には欠かせません。

2018年

7月

1	2	3	4	5	6	7	8	9	10	11	12	13	14	15	16	17	18	19	20	21	22	23	24	25	26	27	28	29	30	31
		★						◆				★						◆				★						◆		
♥				×	Y×	▲	!		Y			♥				×	Y×	▲	!		Y			♥				×	Y×	▲

8月

1	2	3	4	5	6	7	8	9	10	11	12	13	14	15	16	17	18	19	20	21	22	23	24	25	26	27	28	29	30	31
	★						◆				★						◆				★						◆			
!!		Y			♥	◎			×	Y×	▲	!!		Y			♥				×	Y×	▲	!		Y			♥	

9月

1	2	3	4	5	6	7	8	9	10	11	12	13	14	15	16	17	18	19	20	21	22	23	24	25	26	27	28	29	30
★						◆				★						◆				★						◆			
		×	Y×	▲	!		Y			♥				×	Y×	▲	!		Y			♥				×	Y×	▲	!!

10月

1	2	3	4	5	6	7	8	9	10	11	12	13	14	15	16	17	18	19	20	21	22	23	24	25	26	27	28	29	30	31
★						◆				★						◆				★						◆				★
	Y			♥	◎			✱	Y✱	▲	!!		Y			♥				✱	Y✱	▲	!		Y			♥		

11月

1	2	3	4	5	6	7	8	9	10	11	12	13	14	15	16	17	18	19	20	21	22	23	24	25	26	27	28	29	30
					◆				★						◆				★						◆				★
	✱	Y✱	▲	!		Y			♥				✱	Y✱	▲	!		Y			♥				✱	Y✱	▲	!!	

12月

1	2	3	4	5	6	7	8	9	10	11	12	13	14	15	16	17	18	19	20	21	22	23	24	25	26	27	28	29	30	31
						寿ゾーン「起」の月																								
					◆				★						◆				★						◆				★	
Y			♥	◎			×	Y×	▲	!!		Y			♥				×	Y×	▲	!		Y			♥			

2019年

1月

1	2	3	4	5	6	7	8	9	10	11	12	13	14	15	16	17	18	19	20	21	22	23	24	25	26	27	28	29	30	31
寿ゾーン「起」の月					寿ゾーン「承」の月																									
				◆				★						◆				★						◆				★		
×	Y×	▲	!		Y			♥				×	Y×	▲	!		Y			♥				×	Y×	▲	!!		Y	

2月

1	2	3	4	5	6	7	8	9	10	11	12	13	14	15	16	17	18	19	20	21	22	23	24	25	26	27	28
寿ゾーン「承」の月			寿ゾーン「転」の月																								
			◆				★						◆				★						◆				★
	♥	◎			×	Y×	▲	!!		Y			♥				×	Y×	▲	!		Y			♥		

3月

1	2	3	4	5	6	7	8	9	10	11	12	13	14	15	16	17	18	19	20	21	22	23	24	25	26	27	28	29	30	31
寿ゾーン「転」の月					寿ゾーン「結」の月																									
					◆				★						◆				★						◆				★	
	×	Y×	▲	!		Y			♥				×	Y×	▲	!		Y			♥				×	Y×	▲	!!		Y

4月

1	2	3	4	5	6	7	8	9	10	11	12	13	14	15	16	17	18	19	20	21	22	23	24	25	26	27	28	29	30
寿ゾーン「結」の月																													
				◆				★						◆				★						◆				★	
		♥	◎			×	Y×	▲	!!		Y			♥				×	Y×	▲	!		Y			♥			

5月

1	2	3	4	5	6	7	8	9	10	11	12	13	14	15	16	17	18	19	20	21	22	23	24	25	26	27	28	29	30	31
				◆				★						◆				★						◆				★		
×	Y×	▲	!		Y			♥				×	Y×	▲	!		Y			♥				×	×Y	▲	!!		Y	

6月

1	2	3	4	5	6	7	8	9	10	11	12	13	14	15	16	17	18	19	20	21	22	23	24	25	26	27	28	29	30
			◆				★						◆				★						◆				★		
	♥	◎			×	Y×	▲	!!		Y			♥				×	Y×	▲	!		Y			♥				×

鈴 18

2018年

7月

	1	2	3	4	5	6	7	8	9	10	11	12	13	14	15	16	17	18	19	20	21	22	23	24	25	26	27	28	29	30	31
			★						◆				★						◆				★						◆		
			♥	Y		!		Y	▲						♥	Y		!		Y	▲						♥	Y		!	

8月

	1	2	3	4	5	6	7	8	9	10	11	12	13	14	15	16	17	18	19	20	21	22	23	24	25	26	27	28	29	30	31
		★						◆				★						◆				★						◆			
	Y	▲						♥×	Y×		!!		Y	▲			◎			♥×	Y×		!!		Y	▲					

9月

	1	2	3	4	5	6	7	8	9	10	11	12	13	14	15	16	17	18	19	20	21	22	23	24	25	26	27	28	29	30
	★						◆				★						◆				★						◆			
	♥×	Y×		!		Y	▲						♥×	Y×		!		Y	▲						♥×	Y×		!		Y

10月

	1	2	3	4	5	6	7	8	9	10	11	12	13	14	15	16	17	18	19	20	21	22	23	24	25	26	27	28	29	30	31
	★						◆				★						◆				★						◆				★
	▲						♥×	Y		!!		Y	▲			◎			♥	Y		!!		Y	▲						♥

11月

	1	2	3	4	5	6	7	8	9	10	11	12	13	14	15	16	17	18	19	20	21	22	23	24	25	26	27	28	29	30
						◆				★						◆				★						◆				★
	Y		!		Y	▲						♥	Y		!		Y	▲						♥	Y		!		Y	▲

12月 寿ゾーン「起」の月（7日〜）

	1	2	3	4	5	6	7	8	9	10	11	12	13	14	15	16	17	18	19	20	21	22	23	24	25	26	27	28	29	30	31
						◆				★						◆				★						◆				★	
						♥	Y		!!		Y	▲			◎			♥	Y		!!		Y	▲						♥	Y

2019年

1月 寿ゾーン「起」の月（1〜5日） 寿ゾーン「承」の月（6日〜）

	1	2	3	4	5	6	7	8	9	10	11	12	13	14	15	16	17	18	19	20	21	22	23	24	25	26	27	28	29	30	31
					◆				★						◆				★						◆				★		
		!		Y	▲						♥	Y		!		Y	▲						♥	Y		!		Y	▲		

2月 寿ゾーン「承」の月（1〜3日） 寿ゾーン「転」の月（4日〜）

	1	2	3	4	5	6	7	8	9	10	11	12	13	14	15	16	17	18	19	20	21	22	23	24	25	26	27	28
				◆				★						◆				★						◆				★
				♥	Y		!!		Y	▲			◎			♥	Y		!!		Y	▲						♥

3月 寿ゾーン「転」の月（1〜5日） 寿ゾーン「結」の月（6日〜）

	1	2	3	4	5	6	7	8	9	10	11	12	13	14	15	16	17	18	19	20	21	22	23	24	25	26	27	28	29	30	31
						◆				★						◆				★						◆				★	
	Y		!		Y	▲						♥	Y		!		Y	▲						♥	Y		!		Y	▲	

4月 寿ゾーン「結」の月（1〜4日）

	1	2	3	4	5	6	7	8	9	10	11	12	13	14	15	16	17	18	19	20	21	22	23	24	25	26	27	28	29	30
					◆				★						◆				★						◆				★	
					♥	Y		!!		Y	▲			◎			♥	Y		!!		Y	▲						♥	Y

5月

	1	2	3	4	5	6	7	8	9	10	11	12	13	14	15	16	17	18	19	20	21	22	23	24	25	26	27	28	29	30	31
					◆				★						◆				★						◆				★		
		!		Y	▲						♥	Y		!		Y	▲						♥	Y		!		Y	▲		

6月

	1	2	3	4	5	6	7	8	9	10	11	12	13	14	15	16	17	18	19	20	21	22	23	24	25	26	27	28	29	30
				◆				★						◆				★						◆				★		
				♥	Y		!!		Y	▲			◎			♥	Y		!!		Y	▲						♥	Y

2018年

7月

1	2	3	4	5	6	7	8	9	10	11	12	13	14	15	16	17	18	19	20	21	22	23	24	25	26	27	28	29	30	31
		★						◆				★						◆				★						◆		
✕	Y✕		!!	♥	Y					▲		✕	Y✕		!	♥	Y					▲		✕	Y✕		!	♥	Y	

8月

1	2	3	4	5	6	7	8	9	10	11	12	13	14	15	16	17	18	19	20	21	22	23	24	25	26	27	28	29	30	31
	★						◆				★						◆				★						◆			
			▲		✕	Y		!	♥	Y					▲			Y		!!	♥	Y				◎	▲			Y

9月

1	2	3	4	5	6	7	8	9	10	11	12	13	14	15	16	17	18	19	20	21	22	23	24	25	26	27	28	29	30
★						◆				★						◆				★						◆			
	!!	♥	Y					▲			Y		!	♥	Y					▲			Y		!	♥	Y		

10月

1	2	3	4	5	6	7	8	9	10	11	12	13	14	15	16	17	18	19	20	21	22	23	24	25	26	27	28	29	30	31
★						◆				★						◆				★						◆				
		▲			Y		!	♥	Y					▲			Y		!!	♥	Y				◎	▲			Y	

11月

1	2	3	4	5	6	7	8	9	10	11	12	13	14	15	16	17	18	19	20	21	22	23	24	25	26	27	28	29	30
					◆				★						◆				★						◆				★
!!	♥	Y					▲			Y		!	♥	Y					▲			Y		!	♥	Y			

12月　（7日〜）寿ゾーン「起」の月

1	2	3	4	5	6	7	8	9	10	11	12	13	14	15	16	17	18	19	20	21	22	23	24	25	26	27	28	29	30	31
					◆				★						◆				★						◆				★	
	▲			Y		!	♥	Y					▲			Y		!!	♥	Y				◎	▲			Y		!!

2019年

1月　寿ゾーン「起」の月（〜5日）　寿ゾーン「承」の月（6日〜）

1	2	3	4	5	6	7	8	9	10	11	12	13	14	15	16	17	18	19	20	21	22	23	24	25	26	27	28	29	30	31
				◆				★						◆				★						◆				★		
♥	Y					▲			Y		!	♥	Y					▲			Y		!	♥	Y					▲

2月　寿ゾーン「承」の月（〜3日）　寿ゾーン「転」の月（4日〜）

1	2	3	4	5	6	7	8	9	10	11	12	13	14	15	16	17	18	19	20	21	22	23	24	25	26	27	28
			◆				★						◆				★						◆				★
		Y		!	♥	Y					▲			Y		!!	♥	Y				◎	▲			Y	

3月　寿ゾーン「転」の月（〜5日）　寿ゾーン「結」の月（6日〜）

1	2	3	4	5	6	7	8	9	10	11	12	13	14	15	16	17	18	19	20	21	22	23	24	25	26	27	28	29	30	31
					◆				★						◆				★						◆				★	
!!	♥	Y					▲			Y		!	♥	Y					▲			Y		!	♥	Y				

4月　寿ゾーン「結」の月（〜4日）

1	2	3	4	5	6	7	8	9	10	11	12	13	14	15	16	17	18	19	20	21	22	23	24	25	26	27	28	29	30
				◆				★						◆				★						◆				★	
▲			Y		!	♥	Y					▲			Y		!!	♥	Y				◎	▲			Y		!!

5月

1	2	3	4	5	6	7	8	9	10	11	12	13	14	15	16	17	18	19	20	21	22	23	24	25	26	27	28	29	30	31
				◆				★						◆				★						◆				★		
♥	Y					▲			Y		!	♥	Y					▲			Y		!	♥	Y					▲

6月

1	2	3	4	5	6	7	8	9	10	11	12	13	14	15	16	17	18	19	20	21	22	23	24	25	26	27	28	29	30
			◆				★						◆				★						◆				★		
		Y		!	♥	Y					▲		✕	Y✕		!!	♥	Y				◎	▲		✕	Y✕		!!	♥

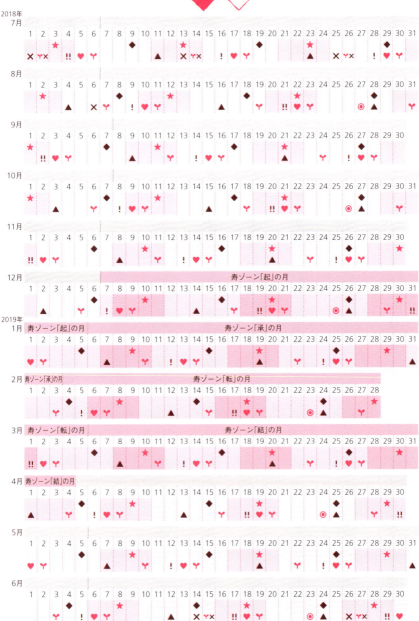

鈴 38

2018年

7月

1	2	3	4	5	6	7	8	9	10	11	12	13	14	15	16	17	18	19	20	21	22	23	24	25	26	27	28	29	30	31
		★						◆				★						◆				★						◆		
▲	‼		Y			♥	◎				Y	▲	‼		Y			♥					Y	▲	!		Y			♥

8月

1	2	3	4	5	6	7	8	9	10	11	12	13	14	15	16	17	18	19	20	21	22	23	24	25	26	27	28	29	30	31
	★						◆				★						◆				★						◆			
				Y	▲	!		Y			♥					Y	▲	!		Y			♥					Y	▲	‼

9月

1	2	3	4	5	6	7	8	9	10	11	12	13	14	15	16	17	18	19	20	21	22	23	24	25	26	27	28	29	30
★						◆				★						◆				★						◆			
	Y			♥	◎				Y	▲	‼		Y			♥					Y	▲	!		Y			♥	

10月

1	2	3	4	5	6	7	8	9	10	11	12	13	14	15	16	17	18	19	20	21	22	23	24	25	26	27	28	29	30	31
★						◆				★						◆				★						◆				★
			Y	▲	!		Y			♥					Y	▲	!		Y			♥					Y	▲	‼	

11月

1	2	3	4	5	6	7	8	9	10	11	12	13	14	15	16	17	18	19	20	21	22	23	24	25	26	27	28	29	30
					◆				★						◆				★						◆				★
Y			♥	◎				Y	▲	‼		Y			♥					Y	▲	!		Y			♥		

12月　寿ゾーン「起」の月（7日～）

1	2	3	4	5	6	7	8	9	10	11	12	13	14	15	16	17	18	19	20	21	22	23	24	25	26	27	28	29	30	31
					◆				★						◆				★						◆				★	
		Y	▲	!		Y			♥					Y	▲	!		Y			♥					Y	▲	‼		Y

2019年

1月　寿ゾーン「起」の月（1日～5日）　寿ゾーン「承」の月（6日～）

1	2	3	4	5	6	7	8	9	10	11	12	13	14	15	16	17	18	19	20	21	22	23	24	25	26	27	28	29	30	31
				◆				★						◆				★						◆				★		
		♥	◎				Y	▲	‼		Y			♥					Y	▲	!		Y			♥				

2月　寿ゾーン「承」の月（1日～3日）　寿ゾーン「転」の月（4日～）

1	2	3	4	5	6	7	8	9	10	11	12	13	14	15	16	17	18	19	20	21	22	23	24	25	26	27	28
			◆				★						◆				★						◆				★
Y	▲	!		Y			♥					Y	▲	!		Y			♥					Y	▲	‼	

3月　寿ゾーン「転」の月（1日～5日）　寿ゾーン「結」の月（6日～）

1	2	3	4	5	6	7	8	9	10	11	12	13	14	15	16	17	18	19	20	21	22	23	24	25	26	27	28	29	30	31
					◆				★						◆				★						◆				★	
Y			♥	◎				Y	▲	‼		Y			♥					Y	▲	!		Y			♥			

4月　寿ゾーン「結」の月（1日～4日）

1	2	3	4	5	6	7	8	9	10	11	12	13	14	15	16	17	18	19	20	21	22	23	24	25	26	27	28	29	30
				◆				★						◆				★						◆				★	
	Y	▲	!		Y			♥				×	Y×	▲	!		Y			♥				×	Y×	▲	‼		Y

5月

1	2	3	4	5	6	7	8	9	10	11	12	13	14	15	16	17	18	19	20	21	22	23	24	25	26	27	28	29	30	31
				◆				★						◆				★						◆				★		
		♥	◎			×	Y×	▲	‼		Y			♥				×	Y×	▲	!		Y			♥				×

6月

1	2	3	4	5	6	7	8	9	10	11	12	13	14	15	16	17	18	19	20	21	22	23	24	25	26	27	28	29	30
			◆				★						◆				★						◆				★		
×Y	▲	!		Y			♥					Y	▲	!		Y			♥					Y	▲	‼		Y	

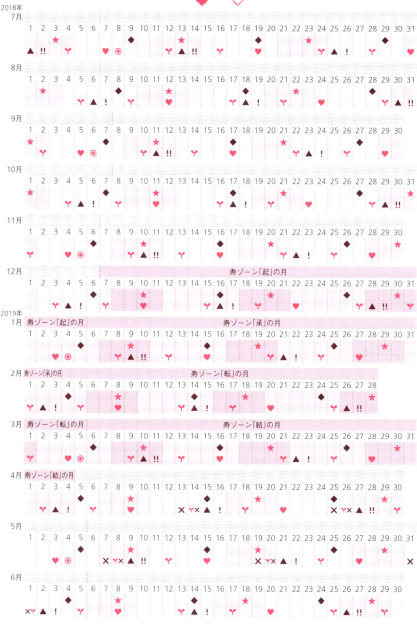

2018年

7月	1	2	3	4	5	6	7	8	9	10	11	12	13	14	15	16	17	18	19	20	21	22	23	24	25	26	27	28	29	30	31
			★						◆				★						◆				★						◆		
		Y	▲						♥	Y		!!		Y	▲			◎			♥	Y		!!		Y	▲				

8月	1	2	3	4	5	6	7	8	9	10	11	12	13	14	15	16	17	18	19	20	21	22	23	24	25	26	27	28	29	30	31
		★						◆				★						◆				★						◆			
		♥	Y		!		Y	▲						♥	Y		!		Y	▲						♥	Y		!		Y

9月	1	2	3	4	5	6	7	8	9	10	11	12	13	14	15	16	17	18	19	20	21	22	23	24	25	26	27	28	29	30
	★						◆				★						◆				★						◆			
	▲						♥	Y		!!		Y	▲			◎			♥	Y		!!		Y	▲					

10月	1	2	3	4	5	6	7	8	9	10	11	12	13	14	15	16	17	18	19	20	21	22	23	24	25	26	27	28	29	30	31
	★						◆				★						◆				★						◆				★
	♥	Y		!		Y	▲						♥	Y		!		Y	▲						♥	Y		!		Y	▲

11月	1	2	3	4	5	6	7	8	9	10	11	12	13	14	15	16	17	18	19	20	21	22	23	24	25	26	27	28	29	30
						◆				★						◆				★						◆				★
						♥	Y		!!		Y	▲			◎			♥	Y		!!		Y	▲						♥

12月 （7日〜）寿ゾーン「起」の月

12月	1	2	3	4	5	6	7	8	9	10	11	12	13	14	15	16	17	18	19	20	21	22	23	24	25	26	27	28	29	30	31
						◆				★						◆				★						◆				★	
	Y		!		Y	▲						♥	Y		!		Y	▲						♥	Y		!		Y	▲	

2019年

1月 寿ゾーン「起」の月（1日〜5日） 寿ゾーン「承」の月（6日〜）

1月	1	2	3	4	5	6	7	8	9	10	11	12	13	14	15	16	17	18	19	20	21	22	23	24	25	26	27	28	29	30	31
					◆				★						◆				★						◆				★		
					♥	Y		!!		Y	▲			◎			♥	Y		!!		Y	▲						♥	Y	

2月 寿ゾーン「承」の月（1日〜3日） 寿ゾーン「転」の月（4日〜）

2月	1	2	3	4	5	6	7	8	9	10	11	12	13	14	15	16	17	18	19	20	21	22	23	24	25	26	27	28
				◆				★						◆				★						◆				★
	!		Y	▲						♥×	Y×		!		Y	▲						♥×	Y×		!		Y	▲

3月 寿ゾーン「転」の月（1日〜5日） 寿ゾーン「結」の月（6日〜）

3月	1	2	3	4	5	6	7	8	9	10	11	12	13	14	15	16	17	18	19	20	21	22	23	24	25	26	27	28	29	30	31
						◆				★						◆				★						◆				★	
						♥×	Y×		!!		Y	▲			◎			♥×	Y×		!!		Y	▲						♥×	Y×

4月 寿ゾーン「結」の月（1日〜4日）

4月	1	2	3	4	5	6	7	8	9	10	11	12	13	14	15	16	17	18	19	20	21	22	23	24	25	26	27	28	29	30
					◆				★						◆				★						◆				★	
		!		Y	▲						♥	Y		!		Y	▲						♥	Y		!		Y	▲	

5月	1	2	3	4	5	6	7	8	9	10	11	12	13	14	15	16	17	18	19	20	21	22	23	24	25	26	27	28	29	30	31
					◆				★						◆				★						◆				★		
					♥	Y		!!		Y	▲			◎			♥	Y		!!		Y	▲						♥	Y	

6月	1	2	3	4	5	6	7	8	9	10	11	12	13	14	15	16	17	18	19	20	21	22	23	24	25	26	27	28	29	30
				◆				★						◆				★						◆				★		
	!		Y	▲						♥	Y		!		Y	▲						♥	Y		!		Y	▲		

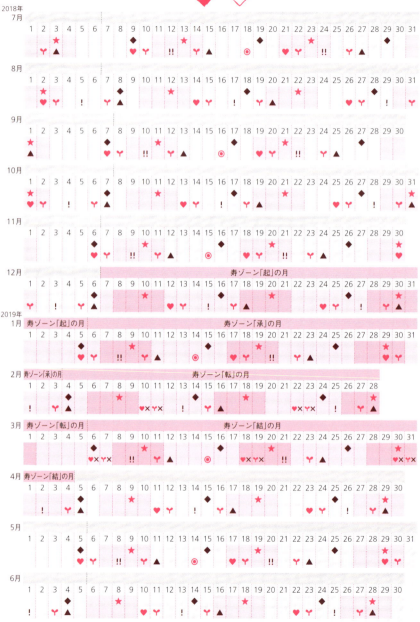

鈴 58

2018年

7月	1	2	3	4	5	6	7	8	9	10	11	12	13	14	15	16	17	18	19	20	21	22	23	24	25	26	27	28	29	30	31
			★						◆				★						◆				★						◆		
					▲			Y		!	♥	Y					▲			Y		!!	♥	Y				◎	▲		

8月	1	2	3	4	5	6	7	8	9	10	11	12	13	14	15	16	17	18	19	20	21	22	23	24	25	26	27	28	29	30	31
		★						◆				★						◆				★						◆			
	Y		!!	♥	Y					▲			Y		!	♥	Y					▲			Y		!	♥	Y		

9月	1	2	3	4	5	6	7	8	9	10	11	12	13	14	15	16	17	18	19	20	21	22	23	24	25	26	27	28	29	30
	★						◆				★						◆				★						◆			
			▲			Y		!	♥	Y					▲			Y		!!	♥	Y				◎	▲			Y

10月	1	2	3	4	5	6	7	8	9	10	11	12	13	14	15	16	17	18	19	20	21	22	23	24	25	26	27	28	29	30	31
	★						◆				★						◆				★						◆				★
		!!	♥	Y					▲			Y		!	♥	Y					▲			Y		!	♥	Y			

11月	1	2	3	4	5	6	7	8	9	10	11	12	13	14	15	16	17	18	19	20	21	22	23	24	25	26	27	28	29	30
						◆				★						◆				★						◆				★
		▲			Y		!	♥	Y					▲			Y		!!	♥	Y				◎	▲			Y	

12月 寿ゾーン「起」の月

12月	1	2	3	4	5	6	7	8	9	10	11	12	13	14	15	16	17	18	19	20	21	22	23	24	25	26	27	28	29	30	31
						◆				★						◆				★						◆				★	
	!!	♥	Y					▲		×	Y×		!	♥	Y					▲		×	Y×		!	♥	Y				

2019年

1月 寿ゾーン「起」の月 寿ゾーン「承」の月

1月	1	2	3	4	5	6	7	8	9	10	11	12	13	14	15	16	17	18	19	20	21	22	23	24	25	26	27	28	29	30	31
					◆				★						◆				★						◆				★		
	▲		×	Y×		!	♥	Y					▲		×	Y×		!!	♥	Y				◎	▲		×	Y×		!!	♥

2月 寿ゾーン「承」の月 寿ゾーン「転」の月

2月	1	2	3	4	5	6	7	8	9	10	11	12	13	14	15	16	17	18	19	20	21	22	23	24	25	26	27	28
				◆				★						◆				★						◆				★
	Y					▲			Y		!	♥	Y					▲			Y		!	♥	Y			

3月 寿ゾーン「転」の月 寿ゾーン「結」の月

3月	1	2	3	4	5	6	7	8	9	10	11	12	13	14	15	16	17	18	19	20	21	22	23	24	25	26	27	28	29	30	31
						◆				★						◆				★						◆				★	
		▲			Y		!	♥	Y					▲			Y		!!	♥	Y				◎	▲			Y		!!

4月 寿ゾーン「結」の月

4月	1	2	3	4	5	6	7	8	9	10	11	12	13	14	15	16	17	18	19	20	21	22	23	24	25	26	27	28	29	30
					◆				★						◆				★						◆				★	
	♥	Y					▲			Y		!	♥	Y					▲			Y		!	♥	Y				

5月	1	2	3	4	5	6	7	8	9	10	11	12	13	14	15	16	17	18	19	20	21	22	23	24	25	26	27	28	29	30	31
					◆				★						◆				★						◆				★		
	▲			Y		!	♥	Y					▲			Y		!!	♥	Y				◎	▲			Y		!!	♥

6月	1	2	3	4	5	6	7	8	9	10	11	12	13	14	15	16	17	18	19	20	21	22	23	24	25	26	27	28	29	30
				◆				★						◆				★						◆				★		
	Y					▲			Y		!	♥	Y					▲			Y		!	♥	Y					▲

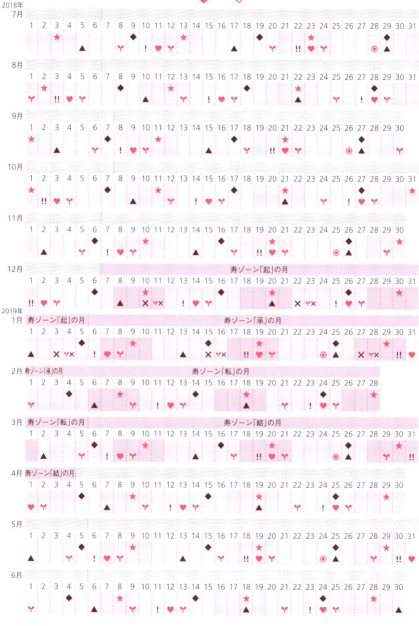

鈴8の人の年間運勢

鈴8の人の月運の寿ゾーンは、2018年12月7日から2019年4月4日までです。現在、2年続く天中殺の中にあり、10月8日から12月6日までは月運の天中殺も巡ってきますが、昨年までの寿ゾーンからずっと交際が続いている人は、この月運の寿ゾーンにぜひゴールインを！　特に、2019年1月には、過去を整理する流れがあるので、決めるなら2018年のうちに。復活愛もあり。ただし不倫にもハマりやすいので注意。2019年の2月4日になると、過去からは解き放たれ、フレッシュな出会いが！　人が集まる場所で輝くあなたですから、習い事に挑戦したり、趣味の会合などに顔を出してみて。新しい場所へ行くほど、次の恋のチャンスを引き寄せます。刺激が増える分、昨年までに実らなかった相手とは、疎遠になるでしょう。

鈴18の人の年間運勢

2018年12月7日から2019年4月4日までが、鈴18の人の月運の寿ゾーンです。過去に4年続いた年運の寿ゾーンが終わり、8月7日から10月7日には、月運の天中殺も巡りますが、運気の波は、まだ過去と繋《つな》がっています。この寿ゾーンが、現在付き合っている相手との、駆け込み婚のラストチャンス！　交際相手がいない人も、やはり過去を思わせる相手と良縁が。2019年2月3日までは、同窓会、同期会の出会い運がＭＡＸ。2019年2月4日の寿ゾーンからは運気が一転。未来へ向けて、新しい出会い運が炸裂します。3月5日までは、モテ過ぎて、変な縁まで繋がないように用心を。でも楽しい刺激が多い日々。その分、今までの環境、人間関係が色あせて見えて、一区切りの気配も。人生の、次のサイクルに入っていきます。

鈴28の人の年間運勢

鈴28の人の月運の寿ゾーンは、2018年の12月7日から2019年の4月4日まで。年運の寿ゾーンは終わったばかりのあなたですが、2019年2月3日までは、一度立ち止まり、過去を清算する出来事も増えます。交際中の相手が寿ゾーンに入った人、昨年からの結婚話がストップしていた人は、この時期にまとまるかもしれません。ただし6月6日から8月6日までは、月運の天中殺。復活愛が不倫だった、なんてことも。2019年2月4日からの寿ゾーンからは、流れが一転！　新しさを求めたくなります。美意識が高いあなたなので、ヘアメイクやファッションのイメージチェンジも吉。おしゃれをして、初めての場所へ行くと、出会い運が最高潮に。新しい人達との交流に刺激を受けて、過去のしがらみから少しずつ脱却できそう。

鈴38の人の年間運勢

2018年の12月7日から2019年の4月4日までが、鈴38の人の月運の寿ゾーンです。2019年2月3日までは、自分の意思とは関係なく、昔の関係の見直しが求められる時期。そこで12月から年明け1月5日までは、過去4年の寿ゾーンから続いていた交際の、駆け込み婚もアリ。出会いは、同窓会や古くからの友人・知人など、馴染みの縁を頼るのがベスト。復活愛もあり得ますが、不倫には注意。そして2019年2月4日からは、変化を求める運気に変わります。恋愛には臆病になっていても、まずは行動範囲を広げるところから。習い事、趣味のサークル、勉強会での出会い運も絶好調。2019年4月5日から2か月、月運の天中殺はありますが、いずれにせよ運気はリセット方向。まとまらなかった案件は、自然と流れていくでしょう。

鈴48の人の年間運勢

鈴48の人の月運の寿ゾーンは、2018年の12月7日から2019年の4月4日までです。駆け込み婚、復活愛を狙う人は、2019年の2月3日までをひとつの区切りにしましょう。というのも、運気の波は過去を総括する流れに入っており、それまで4年続いていた寿ゾーンでの人間関係を実らせる、ラストチャンス！　昔から知る人との関係の発展&援助も見込めそう。ただし不倫にも陥りやすいので注意。2019年2月4日からは、次のステージへ！　過去を解き放ち、変革を求めたくなってきます。出会い運は絶好調。根がロマンチストなあなたらしく、音楽やアート関連のイベントやサークルに参加してみて。あなたの審美眼に見合う人にめぐりあえるはず。日常に刺激が増える分、公私ともに惰性で続いていた関係は解消方向へ。

鈴58の人の年間運勢

2018年の12月7日から2019年の4月4日までが、鈴58の人の月運の寿ゾーンです。4年続いていた、年運の寿ゾーンは昨年で終わりましたが、その間に決まって、ストップしていた案件があれば、この時期にずれ込んで実る場合も。特に2019年2月3日までは、何かと過去を見直す出来事が増えそう。相手の人の寿ゾーンにもよりますが、年末&年始で、一気に復活愛や駆け込み婚の可能性も。同窓会などで、昔から知る人との出会い運も絶好調。ただしその場合は、不倫には要注意。2月4日以降は過去とは決別。新しい縁が急増します！　カルチャースクール、スポーツ、パーティ。気になる場所へ積極的に出かけましょう。初めての刺激に触れて、人間関係も変わっていきます。何となく続いていた環境・人間関係は清算となるでしょう。

亀

KOTOBUKI ZONE

KAME

大海原の中を自由自在に泳ぎ、実は驚くほど広い世界を知っている亀。そんな亀のように、あなたは、いろいろな世界や環境を自由に泳ぎ回り、うまくなじむことができる柔軟性と、そこから多くのものを吸収し、学ぶ知性に恵まれています。幼いときから悠々とした大物感を漂わせながら、予測不能のダイナミックな生き方で広い世界を奔放に動き回るタイプです。

見かけはちょっとクールだったり、茫洋《ぼうよう》としてつかみどころのない性格に見えますが、本質は何ものにもとらわれたくない、束縛を嫌う自由人。常にフレキシブルな発想とアイデアを持ち、自分にとって、より新しいもの、新鮮なものを選んでいく、冒険を恐れない資質は天性のものですが、人や環境にすぐなじみやすい反面、意外に、そこに左右されやすく、不安定な傾向もあります。清濁併せ呑むような器の大きさがあるだけに、付き合う相手や身を置く環境はしっかり選ぶことも大事です。

亀の人の恋愛と結婚

社交的で束縛を嫌う自由人の亀の人は、恋愛や結婚にも、安定や安心より、変化や先の読めないワクワク感を求めがち。そのため一見穏やかそうでも、心の中に激しさを秘めている異性に惹《ひ》かれます。周りからしたら、「その人のどこがいいの？」という人を好きになって、苦労を背負い込むことも多いかも。そんな恋人の影響を受け、時には奔放で大胆な恋愛を楽しむこともできますが、いざというときに決断できない優柔不断な面が、あなたの中にはあります。「この人が運命の人！」と思うなら、人の意見に左右されず、自分から相手の世界に飛び込んでいく勇気も必要。恋人任せ、周囲任せにせず、自分の生き方は自分で決断していきましょう。

恋愛から自然の流れで結婚へと流れていきますが、古い価値観にとらわれている人とは、次第に関係が行き詰まりそうです。亀の人は、仕事と結婚生活、子育ても意外に両立できるタイプ。人生のパートナーは妥協せず、自分の夢や将来のことをしっかり考えて選ぶこと。また、平凡な生活には物足りなさを感じるので、関係が落ち着いたり、束縛されたりすると、よそ見をすることが。マンネリ感があるなら、新しい恋を求めるのではなく、二人の時間を楽しむ工夫を考えて。

亀の人の仕事とお金

柔軟でフレキシブル、豊かな発想力を持つ亀の人は、どんな環境や相手とも上手に合わせ、自然に自分のペースに巻き込んでいける知的なヤリ手タイプです。アイデアを生かせる仕事、人と交わるサービス業、社交性を生かせる営業職などで才能を活かせます。

その反面、人の影響も受けやすく、尊敬できる人が近くにいれば、その人を慕って引き上げられますが、上司や近い存在の先輩が自分とは真逆のタイプだと、翻弄されて苦しむ傾向が。自分のペースが乱されないよう、また、全てが相手任せにならないよう、程よい距離を保って接しましょう。

あなたは、束縛される関係や窮屈な環境の中にいると、閃《ひらめ》きが消えてしまい、能力を活かすことができません。息苦しさを感じるときは、早めのガス抜きとリフレッシュで、感情をコントロールする術を身につけて。仕事以外のことで充実を求めるのもおすすめです。

実は亀の人は、新しいものが大好き。人がまだ知らないものをキャッチして、ネットなどで紹介したり、情報を流したりすると、収入につながりそう。金融やクレジットカードなどに関するお得情報のチェックもまめにしましょう。また、海外や、地方のネット通販にも縁やツキがあります。

亀

亀の人の開運ポイント

亀タイプの人には、自由に動き回れる開かれた広い世界が必要です。少なくとも、そこへ飛び出していける夢や希望は必要です、それを失って狭い環境でルーティンなことを繰り返していると、楽をすることや伸び伸びと遊ぶことばかり覚えて、すっかり知恵や意欲をなくした泥亀になってしまいます。

環境に染まりやすいので、付き合う人間関係も大事。楽しいけれど、あなたを甘やかす相手ばかりとつるんでいれば、やはり泥亀にまっしぐら。叱ってくれる、刺激を与えてくれる人、追いつき、追い越したいような人たちに囲まれているほうが開運します。それでも亀が広い世界を回流するように、好奇心と向上心を持って、未知の環境に飛び込めば、“自浄作用”が発動。一度、泥亀になっても、また悠々たる海亀として再生できるはず。気持ちが淀《よど》んだり、運気が低迷したときこそ、楽のできない環境に飛び込んでみましょう。

また亀は甲羅が厚く、意外に本心が見えにくい傾向も。それで周囲に誤解されたり、いきなり重い一歩を踏み出して、混乱させるようなこともしばしば。大事な人には、甲羅の下の繊細な気持ち、温かさをマメに伝える努力を。そんなコミュニケーションも亀タイプの人の開運には欠かせません。

2018年 7月

寿ゾーン「転」の月（1〜6日） 寿ゾーン「結」の月（7〜31日）

1	2	3	4	5	6	7	8	9	10	11	12	13	14	15	16	17	18	19	20	21	22	23	24	25	26	27	28	29	30	31
	◆		★								◆		★								◆		★							
				✕	▲✕	Y		!		Y	♥					✕	▲✕	Y		!		Y	♥					✕	▲✕	Y

8月

寿ゾーン「結」の月

1	2	3	4	5	6	7	8	9	10	11	12	13	14	15	16	17	18	19	20	21	22	23	24	25	26	27	28	29	30	31
◆		★								◆		★								◆		★								◆
	!!		Y	♥			◎		✕	▲✕	Y		!!		Y	♥					✕	▲✕	Y		!		Y	♥		

9月

1	2	3	4	5	6	7	8	9	10	11	12	13	14	15	16	17	18	19	20	21	22	23	24	25	26	27	28	29	30
	★								◆		★								◆		★								◆
		✕	▲✕	Y		!		Y	♥					✕	▲✕	Y		!		Y	♥					✕	▲✕	Y	

10月

1	2	3	4	5	6	7	8	9	10	11	12	13	14	15	16	17	18	19	20	21	22	23	24	25	26	27	28	29	30	31
	★								◆		★								◆		★								◆	
!!		Y	♥			◎		✳	▲✳	Y		!!		Y	♥					✳	▲✳	Y		!		Y	♥			

11月

1	2	3	4	5	6	7	8	9	10	11	12	13	14	15	16	17	18	19	20	21	22	23	24	25	26	27	28	29	30
★								◆		★								◆		★								◆	
	✳	▲✳	Y		!		Y	♥					✳	▲✳	Y		!		Y	♥					✳	▲✳	Y		!!

12月

1	2	3	4	5	6	7	8	9	10	11	12	13	14	15	16	17	18	19	20	21	22	23	24	25	26	27	28	29	30	31
★								◆		★								◆		★								◆		★
	Y	♥			◎		✕	▲✕	Y		!!		Y	♥					✕	▲✕	Y		!		Y	♥				

2019年 1月

1	2	3	4	5	6	7	8	9	10	11	12	13	14	15	16	17	18	19	20	21	22	23	24	25	26	27	28	29	30	31
							◆		★								◆		★								◆		★	
✕	▲✕	Y		!		Y	♥					✕	▲✕	Y		!		Y	♥					✕	▲✕	Y		!!		Y

2月

寿ゾーン「起」の月（4〜28日）

1	2	3	4	5	6	7	8	9	10	11	12	13	14	15	16	17	18	19	20	21	22	23	24	25	26	27	28
						◆		★								◆		★								◆	
♥			◎		✕	▲✕	Y		!!		Y	♥					✕	▲✕	Y		!		Y	♥			

3月

寿ゾーン「起」の月（1〜5日） 寿ゾーン「承」の月（6〜31日）

1	2	3	4	5	6	7	8	9	10	11	12	13	14	15	16	17	18	19	20	21	22	23	24	25	26	27	28	29	30	31
★								◆		★								◆		★								◆		★
	✕	▲✕	Y		!		Y	♥					✕	▲✕	Y		!		Y	♥					✕	▲✕	Y		!!	

4月

寿ゾーン「承」の月（1〜4日） 寿ゾーン「転」の月（5〜30日）

1	2	3	4	5	6	7	8	9	10	11	12	13	14	15	16	17	18	19	20	21	22	23	24	25	26	27	28	29	30
							◆		★								◆		★								◆		★
Y	♥			◎		✕	▲✕	Y		!!		Y	♥					✕	▲✕	Y		!		Y	♥				

5月

寿ゾーン「転」の月（1〜5日） 寿ゾーン「結」の月（6〜31日）

1	2	3	4	5	6	7	8	9	10	11	12	13	14	15	16	17	18	19	20	21	22	23	24	25	26	27	28	29	30	31
							◆		★								◆		★								◆		★	
✕	▲✕	Y		!		Y	♥					✕	▲✕	Y		!		Y	♥					✕	▲✕	Y		!!		Y

6月

寿ゾーン「結」の月

1	2	3	4	5	6	7	8	9	10	11	12	13	14	15	16	17	18	19	20	21	22	23	24	25	26	27	28	29	30
						◆		★								◆		★								◆		★	
♥			◎		✕	▲✕	Y		!!		Y	♥					✕	▲✕	Y		!		Y	♥					✕

亀 19

2018年

7月 寿ゾーン「転」の月（1〜6日）／寿ゾーン「結」の月（7日〜）

1	2	3	4	5	6	7	8	9	10	11	12	13	14	15	16	17	18	19	20	21	22	23	24	25	26	27	28	29	30	31
	◆		★								◆		★								◆		★							
	♥			Y		!	▲	Y					♥			Y		!	▲	Y					♥			Y		!

8月 寿ゾーン「結」の月

1	2	3	4	5	6	7	8	9	10	11	12	13	14	15	16	17	18	19	20	21	22	23	24	25	26	27	28	29	30	31
◆		★								◆		★								◆		★								◆
▲	Y					♥	×	×	Y		!!	▲	Y				◎	♥	×	×	Y		!!	▲	Y					♥

9月

1	2	3	4	5	6	7	8	9	10	11	12	13	14	15	16	17	18	19	20	21	22	23	24	25	26	27	28	29	30
	★								◆		★								◆		★								◆
×	×	Y		!	▲	Y					♥	×	×	Y		!	▲	Y					♥	×	×	Y		!	▲

10月

1	2	3	4	5	6	7	8	9	10	11	12	13	14	15	16	17	18	19	20	21	22	23	24	25	26	27	28	29	30	31
	★								◆		★								◆		★								◆	
Y					♥	×		Y		!!	▲	Y				◎	♥			Y		!!	▲	Y					♥	

11月

1	2	3	4	5	6	7	8	9	10	11	12	13	14	15	16	17	18	19	20	21	22	23	24	25	26	27	28	29	30
★								◆		★								◆		★								◆	
	Y		!	▲	Y					♥			Y		!	▲	Y					♥			Y		!	▲	Y

12月

1	2	3	4	5	6	7	8	9	10	11	12	13	14	15	16	17	18	19	20	21	22	23	24	25	26	27	28	29	30	31
★								◆		★								◆		★								◆		★
				♥			Y		!!	▲	Y				◎	♥			Y		!!	▲	Y					♥		

2019年

1月

1	2	3	4	5	6	7	8	9	10	11	12	13	14	15	16	17	18	19	20	21	22	23	24	25	26	27	28	29	30	31
							◆		★								◆		★								◆		★	
Y		!	▲	Y					♥			Y		!	▲	Y					♥			Y		!	▲	Y		

2月 寿ゾーン「起」の月（4日〜）

1	2	3	4	5	6	7	8	9	10	11	12	13	14	15	16	17	18	19	20	21	22	23	24	25	26	27	28
						◆		★								◆		★								◆	
		♥			Y		!!	▲	Y				◎	♥			Y		!!	▲	Y					♥	

3月 寿ゾーン「起」の月（1〜5日）／寿ゾーン「承」の月（6日〜）

1	2	3	4	5	6	7	8	9	10	11	12	13	14	15	16	17	18	19	20	21	22	23	24	25	26	27	28	29	30	31
★								◆		★								◆		★								◆		★
	Y		!	▲	Y					♥			Y		!	▲	Y					♥			Y		!	▲	Y	

4月 寿ゾーン「承」の月（1〜4日）／寿ゾーン「転」の月（5日〜）

1	2	3	4	5	6	7	8	9	10	11	12	13	14	15	16	17	18	19	20	21	22	23	24	25	26	27	28	29	30
							◆		★								◆		★								◆		★
			♥			Y		!!	▲	Y				◎	♥			Y		!!	▲	Y					♥		

5月 寿ゾーン「転」の月（1〜5日）／寿ゾーン「結」の月（6日〜）

1	2	3	4	5	6	7	8	9	10	11	12	13	14	15	16	17	18	19	20	21	22	23	24	25	26	27	28	29	30	31
							◆		★								◆		★								◆		★	
Y		!	▲	Y					♥			Y		!	▲	Y					♥			Y		!	▲	Y		

6月 寿ゾーン「結」の月（1〜5日）

1	2	3	4	5	6	7	8	9	10	11	12	13	14	15	16	17	18	19	20	21	22	23	24	25	26	27	28	29	30
						◆		★								◆		★								◆		★	
		♥			Y		!!	▲	Y				◎	♥			Y		!!	▲	Y					♥			Y×

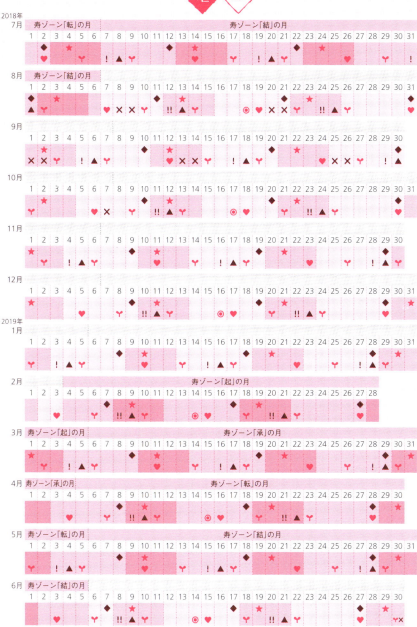

2018年 7月

寿ゾーン「転」の月（1〜6） 寿ゾーン「結」の月（7〜31）

1	2	3	4	5	6	7	8	9	10	11	12	13	14	15	16	17	18	19	20	21	22	23	24	25	26	27	28	29	30	31
	◆		★								◆		★								◆		★							
×	×	Y	♥	!!		Y			▲			×	×	Y	♥	!		Y			▲			×	×	Y	♥	!		Y

8月

寿ゾーン「結」の月（1〜6）

1	2	3	4	5	6	7	8	9	10	11	12	13	14	15	16	17	18	19	20	21	22	23	24	25	26	27	28	29	30	31
		★								◆		★								◆		★								◆
		▲			×		Y	♥	!		Y			▲					Y	♥	!!		Y			▲	◎			

9月

1	2	3	4	5	6	7	8	9	10	11	12	13	14	15	16	17	18	19	20	21	22	23	24	25	26	27	28	29	30
	★								◆		★								◆		★								◆
Y	♥	!!		Y			▲					Y	♥	!		Y			▲					Y	♥	!		Y	

10月

1	2	3	4	5	6	7	8	9	10	11	12	13	14	15	16	17	18	19	20	21	22	23	24	25	26	27	28	29	30	31
	★								◆		★								◆		★								◆	
	▲					Y	♥	!		Y			▲					Y	♥	!!		Y			▲	◎				Y

11月

1	2	3	4	5	6	7	8	9	10	11	12	13	14	15	16	17	18	19	20	21	22	23	24	25	26	27	28	29	30
★								◆		★								◆		★								◆	
♥	!!		Y			▲					Y	♥	!		Y			▲					Y	♥	!		Y		

12月

1	2	3	4	5	6	7	8	9	10	11	12	13	14	15	16	17	18	19	20	21	22	23	24	25	26	27	28	29	30	31
★								◆		★								◆		★								◆		★
▲					Y	♥	!		Y			▲					Y	♥	!!		Y			▲	◎				Y	♥

2019年 1月

1	2	3	4	5	6	7	8	9	10	11	12	13	14	15	16	17	18	19	20	21	22	23	24	25	26	27	28	29	30	31
							◆		★								◆		★								◆		★	
!!		Y			▲					Y	♥	!		Y			▲					Y	♥	!		Y			▲	◎

2月

寿ゾーン「起」の月（4〜28）

1	2	3	4	5	6	7	8	9	10	11	12	13	14	15	16	17	18	19	20	21	22	23	24	25	26	27	28
						◆		★								◆		★								◆	
			Y	♥	!		Y			▲					Y	♥	!!		Y			▲	◎				Y

3月

寿ゾーン「起」の月（1〜5） 寿ゾーン「承」の月（6〜31）

1	2	3	4	5	6	7	8	9	10	11	12	13	14	15	16	17	18	19	20	21	22	23	24	25	26	27	28	29	30	31
★								◆		★								◆		★								◆		★
♥	!!		Y			▲					Y	♥	!		Y			▲					Y	♥	!		Y			▲

4月

寿ゾーン「承」の月（1〜4） 寿ゾーン「転」の月（5〜30）

1	2	3	4	5	6	7	8	9	10	11	12	13	14	15	16	17	18	19	20	21	22	23	24	25	26	27	28	29	30
							◆		★								◆		★								◆		★
				Y	♥	!		Y			▲					Y	♥	!!		Y			▲	◎				Y	♥

5月

寿ゾーン「転」の月（1〜5） 寿ゾーン「結」の月（6〜31）

1	2	3	4	5	6	7	8	9	10	11	12	13	14	15	16	17	18	19	20	21	22	23	24	25	26	27	28	29	30	31
							◆		★								◆		★								◆		★	
!!		Y			▲					Y	♥	!		Y			▲					Y	♥	!		Y			▲	

6月

寿ゾーン「結」の月（1〜5）

1	2	3	4	5	6	7	8	9	10	11	12	13	14	15	16	17	18	19	20	21	22	23	24	25	26	27	28	29	30
						◆		★								◆		★								◆		★	
			Y	♥	!		Y			▲			×	×	Y	♥	!!		Y			▲	◎		×	×	Y	♥	!!

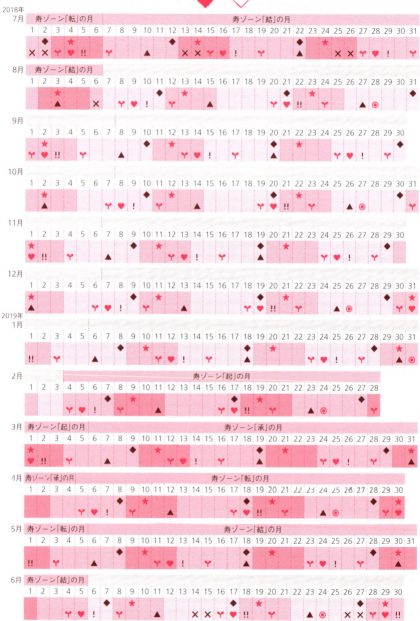

亀 39

2018年

7月　寿ゾーン「転」の月（1〜6日）／寿ゾーン「結」の月（7日〜）

1	2	3	4	5	6	7	8	9	10	11	12	13	14	15	16	17	18	19	20	21	22	23	24	25	26	27	28	29	30	31
Y	◆	!!	★	Y	♥			◎			◆▲	Y	★	!!		Y	♥				◆		★▲	Y		!		Y	♥	

8月　寿ゾーン「結」の月

1	2	3	4	5	6	7	8	9	10	11	12	13	14	15	16	17	18	19	20	21	22	23	24	25	26	27	28	29	30	31
◆		★		▲	Y		!		Y	◆♥		★				▲	Y		!	◆	Y	★♥						▲	Y	◆

9月

1	2	3	4	5	6	7	8	9	10	11	12	13	14	15	16	17	18	19	20	21	22	23	24	25	26	27	28	29	30
!!	★	Y	♥			◎			◆▲	Y	★	!!		Y	♥				◆		★▲	Y		!		Y	♥		◆

10月

1	2	3	4	5	6	7	8	9	10	11	12	13	14	15	16	17	18	19	20	21	22	23	24	25	26	27	28	29	30	31
	★		▲	Y		!		Y	◆♥		★				▲	Y		!	◆	Y	★♥						▲	Y	◆	!!

11月

1	2	3	4	5	6	7	8	9	10	11	12	13	14	15	16	17	18	19	20	21	22	23	24	25	26	27	28	29	30
★	Y	♥			◎			◆▲	Y	★	!!		Y	♥				◆		★▲	Y		!		Y	♥		◆	

12月

1	2	3	4	5	6	7	8	9	10	11	12	13	14	15	16	17	18	19	20	21	22	23	24	25	26	27	28	29	30	31
★		▲	Y		!		Y	◆♥		★				▲	Y		!	◆	Y	★♥						▲	Y	◆	!!	★

2019年

1月

1	2	3	4	5	6	7	8	9	10	11	12	13	14	15	16	17	18	19	20	21	22	23	24	25	26	27	28	29	30	31
Y	♥			◎			◆▲	Y	★	!!		Y	♥				◆		★▲	Y		!		Y	♥		◆		★	

2月　寿ゾーン「起」の月（4日〜）

1	2	3	4	5	6	7	8	9	10	11	12	13	14	15	16	17	18	19	20	21	22	23	24	25	26	27	28
▲	Y		!		Y	◆♥		★				▲	Y		!	◆	Y	★♥						▲	Y	◆	!!

3月　寿ゾーン「起」の月（1〜5日）／寿ゾーン「承」の月（6日〜）

1	2	3	4	5	6	7	8	9	10	11	12	13	14	15	16	17	18	19	20	21	22	23	24	25	26	27	28	29	30	31
★	Y	♥			◎			◆▲	Y	★	!!		Y	♥				◆		★▲	Y		!		Y	♥		◆		★

4月　寿ゾーン「承」の月（1〜4日）／寿ゾーン「転」の月（5日〜）

1	2	3	4	5	6	7	8	9	10	11	12	13	14	15	16	17	18	19	20	21	22	23	24	25	26	27	28	29	30
	▲	Y		!		Y	◆♥		★			✕	▲✕	Y		!	◆	Y	★♥					✕	▲✕	Y	◆	!!	★

5月　寿ゾーン「転」の月（1〜5日）／寿ゾーン「結」の月（6日〜）

1	2	3	4	5	6	7	8	9	10	11	12	13	14	15	16	17	18	19	20	21	22	23	24	25	26	27	28	29	30	31
Y✕	♥			◎		✕	◆✕▲	Y	★	!!		Y	♥				◆	✕	★✕▲	Y		!		Y	♥		◆		★	✕

6月　寿ゾーン「結」の月

1	2	3	4	5	6	7	8	9	10	11	12	13	14	15	16	17	18	19	20	21	22	23	24	25	26	27	28	29	30
✕▲	Y		!		Y	◆♥		★				▲	Y		!	◆	Y	★♥						▲	Y	◆	!!	★	Y

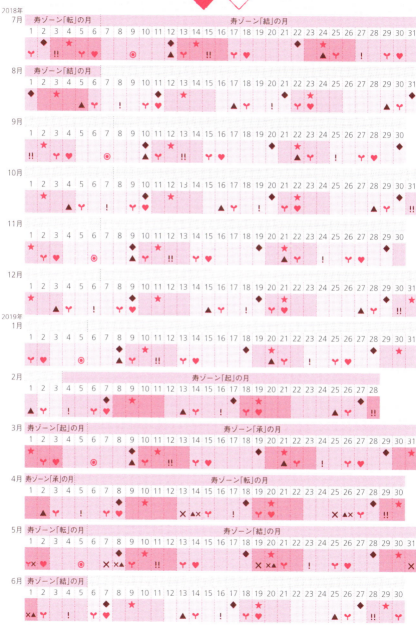

2018年 7月 寿ゾーン「転」の月（1〜6日）／寿ゾーン「結」の月（7〜31日）

1	2	3	4	5	6	7	8	9	10	11	12	13	14	15	16	17	18	19	20	21	22	23	24	25	26	27	28	29	30	31
	◆		★						◆		◆		★								◆		★							
!	▲	Y					♥			Y		‼	▲	Y				◎	♥			Y		‼	▲	Y				

8月 寿ゾーン「結」の月（1〜6日）

1	2	3	4	5	6	7	8	9	10	11	12	13	14	15	16	17	18	19	20	21	22	23	24	25	26	27	28	29	30	31
◆		★								◆		★								◆		★								◆
♥			Y		!	▲	Y					♥			Y		!	▲	Y					♥			Y		!	▲

9月

1	2	3	4	5	6	7	8	9	10	11	12	13	14	15	16	17	18	19	20	21	22	23	24	25	26	27	28	29	30
	★								◆		★								◆		★								◆
Y					♥			Y		‼	▲	Y				◎	♥			Y		‼	▲	Y					♥

10月

1	2	3	4	5	6	7	8	9	10	11	12	13	14	15	16	17	18	19	20	21	22	23	24	25	26	27	28	29	30	31
	★								◆		★								◆		★								◆	
		Y		!		Y					♥			Y		!	▲	Y					♥			Y		!	▲	Y

11月

1	2	3	4	5	6	7	8	9	10	11	12	13	14	15	16	17	18	19	20	21	22	23	24	25	26	27	28	29	30
★								◆		★								◆		★								◆	
				♥			Y		‼	▲	Y				◎	♥			Y		‼	▲	Y					♥	

12月

1	2	3	4	5	6	7	8	9	10	11	12	13	14	15	16	17	18	19	20	21	22	23	24	25	26	27	28	29	30	31
★								◆		★								◆		★								◆		★
	Y		!	▲	Y					♥			Y		!	▲	Y					♥			Y		!	▲	Y	

2019年 1月

1	2	3	4	5	6	7	8	9	10	11	12	13	14	15	16	17	18	19	20	21	22	23	24	25	26	27	28	29	30	31
							◆		★								◆		★								◆		★	
			♥			Y		‼	▲	Y				◎	♥			Y		‼	▲	Y					♥			Y

2月 寿ゾーン「起」の月（4〜28日）

1	2	3	4	5	6	7	8	9	10	11	12	13	14	15	16	17	18	19	20	21	22	23	24	25	26	27	28
						◆		★								◆		★								◆	
	!		Y					♥	×	×	Y		!	▲	Y					♥	×	×	Y		!	▲	Y

3月 寿ゾーン「起」の月（1〜5日）／寿ゾーン「承」の月（6〜31日）

1	2	3	4	5	6	7	8	9	10	11	12	13	14	15	16	17	18	19	20	21	22	23	24	25	26	27	28	29	30	31
★						◆		◆		★								◆		★								◆		★
				♥	×	×	Y		‼	▲	Y				◎	♥	×	×	Y		‼	▲	Y					♥	×	×

4月 寿ゾーン「承」の月（1〜4日）／寿ゾーン「転」の月（5〜30日）

1	2	3	4	5	6	7	8	9	10	11	12	13	14	15	16	17	18	19	20	21	22	23	24	25	26	27	28	29	30
							◆		★								◆		★								◆		★
Y		!	▲	Y					♥			Y		!	▲	Y					♥			Y		!	▲	Y	

5月 寿ゾーン「転」の月（1〜5日）／寿ゾーン「結」の月（6〜31日）

1	2	3	4	5	6	7	8	9	10	11	12	13	14	15	16	17	18	19	20	21	22	23	24	25	26	27	28	29	30	31
							◆		★								◆		★								◆		★	
			♥			Y		‼	▲	Y				◎	♥			Y		‼	▲	Y					♥			Y

6月 寿ゾーン「結」の月（1〜5日）

1	2	3	4	5	6	7	8	9	10	11	12	13	14	15	16	17	18	19	20	21	22	23	24	25	26	27	28	29	30
						◆		★								◆		★								◆		★	
	!		Y								Y		!	▲	Y					♥			Y		!	▲	Y		

2018年 7月

寿ゾーン「転」の月（1〜6日）／寿ゾーン「結」の月（7〜31日）

日	1	2	3	4	5	6	7	8	9	10	11	12	13	14	15	16	17	18	19	20	21	22	23	24	25	26	27	28	29	30	31
上		◆		★								◆		★								◆		★							
下	Ｙ			▲					Ｙ	♥	!		Ｙ			▲					Ｙ	♥	!!		Ｙ			▲	◎		

8月

寿ゾーン「結」の月（1〜6日）

日	1	2	3	4	5	6	7	8	9	10	11	12	13	14	15	16	17	18	19	20	21	22	23	24	25	26	27	28	29	30	31
上	◆		★								◆		★								◆		★								◆
下		Ｙ	♥	!!		Ｙ			▲					Ｙ	♥	!		Ｙ			▲					Ｙ	♥	!		Ｙ	

9月

日	1	2	3	4	5	6	7	8	9	10	11	12	13	14	15	16	17	18	19	20	21	22	23	24	25	26	27	28	29	30
上		★								◆		★								◆		★								◆
下	✕	▲✕					Ｙ	♥	!		Ｙ			▲					Ｙ	♥	!!		Ｙ			▲	◎			

10月

日	1	2	3	4	5	6	7	8	9	10	11	12	13	14	15	16	17	18	19	20	21	22	23	24	25	26	27	28	29	30	31
上		★								◆		★								◆		★								◆	
下	Ｙ	♥	!!		Ｙ			▲					Ｙ	♥	!		Ｙ			▲					Ｙ	♥	!		Ｙ		

11月

日	1	2	3	4	5	6	7	8	9	10	11	12	13	14	15	16	17	18	19	20	21	22	23	24	25	26	27	28	29	30
上	★								◆		★								◆		★								◆	
下	▲					Ｙ	♥	!		Ｙ			▲					Ｙ	♥	!!		Ｙ			▲	◎				Ｙ

12月

日	1	2	3	4	5	6	7	8	9	10	11	12	13	14	15	16	17	18	19	20	21	22	23	24	25	26	27	28	29	30	31
上	★								◆		★								◆		★								◆		★
下	♥	!!		Ｙ			▲			✕	✕	Ｙ	♥	!		Ｙ			▲			✕	✕	Ｙ	♥	!		Ｙ			▲

2019年 1月

日	1	2	3	4	5	6	7	8	9	10	11	12	13	14	15	16	17	18	19	20	21	22	23	24	25	26	27	28	29	30	31
上								◆		★								◆		★								◆		★	
下			✕	✕	Ｙ	♥	!		Ｙ			▲			✕	✕	Ｙ	♥	!!		Ｙ			▲	◎		✕	✕	Ｙ	♥	!!

2月

寿ゾーン「起」の月（4〜28日）

日	1	2	3	4	5	6	7	8	9	10	11	12	13	14	15	16	17	18	19	20	21	22	23	24	25	26	27	28
上							◆		★								◆		★								◆	
下		Ｙ			▲					Ｙ	♥	!		Ｙ			▲					Ｙ	♥	!		Ｙ		

3月

寿ゾーン「起」の月（1〜5日）／寿ゾーン「承」の月（6〜31日）

日	1	2	3	4	5	6	7	8	9	10	11	12	13	14	15	16	17	18	19	20	21	22	23	24	25	26	27	28	29	30	31
上	★								◆		★								◆		★								◆		★
下	▲					Ｙ	♥	!		Ｙ			▲					Ｙ	♥	!!		Ｙ			▲	◎				Ｙ	♥

4月

寿ゾーン「承」の月（1〜4日）／寿ゾーン「転」の月（5〜30日）

日	1	2	3	4	5	6	7	8	9	10	11	12	13	14	15	16	17	18	19	20	21	22	23	24	25	26	27	28	29	30
上								◆		★								◆		★								◆		★
下	!!		Ｙ			▲					Ｙ	♥	!		Ｙ			▲					Ｙ	♥	!		Ｙ			▲

5月

寿ゾーン「転」の月（1〜5日）／寿ゾーン「結」の月（6〜31日）

日	1	2	3	4	5	6	7	8	9	10	11	12	13	14	15	16	17	18	19	20	21	22	23	24	25	26	27	28	29	30	31
上								◆		★								◆		★								◆		★	
下					Ｙ	♥	!		Ｙ			▲					Ｙ	♥	!!		Ｙ			▲	◎				Ｙ	♥	!!

6月

寿ゾーン「結」の月（1〜5日）

日	1	2	3	4	5	6	7	8	9	10	11	12	13	14	15	16	17	18	19	20	21	22	23	24	25	26	27	28	29	30
上							◆		★								◆		★								◆		★	
下		Ｙ			▲					Ｙ	♥	!		Ｙ			▲					Ｙ	♥	!		Ｙ			▲	

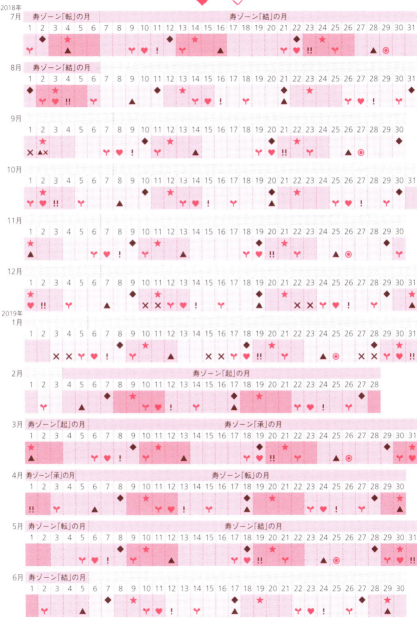

亀9の人の年間運勢

2018年は寿ゾーンの「転の年」、2019年は「結の年」で、継続してきたことや恋愛の結果が出やすくなっています。月運の寿ゾーンが重なる2019年2月4日から6月5日までは、恋や仕事が大きく動く可能性が。特に4月5日から6月5日までは勝負運もあるので、恋も仕事も仕掛けたいことはこの期間に。一方で2年続く年運の天中殺中でもあり、好調なことほど謙虚に考えつつ、イレギュラーなことにも恐れずにトライしてみることも開運につながります。夏は忙しくても運の乱れは少なめですが、1年に2か月ある月運の天中殺と重なる、10月8日から12月6日までは、忙しくて勢いがつきすぎて暴走気味。周りに何を言われても焦らないこと。年末年始はいい出会いもありますが、幸運のピークはその後の2月からの寿ゾーンです。

亀19の人の年間運勢

亀19の人は、2018年は寿ゾーンの「転の年」、2019年は「結の年」。大チャンスが巡るのは月運の寿ゾーンが重なる2019年2月4日から6月5日までで、誰かと協力し合うことで人生を切り開いていく流れがあるため、強力なサポーターや生涯のパートナーに出会ったり、結婚話もまとまりやすいでしょう。2018年の夏頃は、これまで動きがとれなかった人はアクティブに、忙しかった人は一息入れたいモードに。8月7日から10月7日までの、1年に2か月ある月運の天中殺を過ぎると気持ちがひと段落しますが、12月7日から2月3日までは放置してあった面倒な案件と向き合う必要が。ここで将来を見据えながら問題をクリアすると、その後に、夢を叶《かな》えるためのリスタートを切れます。大きな失敗のないときなので思い切った決断も吉。

亀29の人の年間運勢

亀29の人は、2018年は寿ゾーンの「転の年」、2019年は「結の年」で、やりたいことに出会えたり、実力を発揮する機会に巡り合えたりと、飛躍へのきっかけをつかめる時期。なかでも月運の寿ゾーンが重なる2019年2月4日から6月5日までは、ワンステップ上を目指すチャンスが目白押し。情熱的な態度が運を動かすので、理想の異性に告白やプロポーズをし、仕事でも積極的なプロモーションを仕掛けてみて。一方、月運の天中殺が巡る2018年6月6日から8月6日までは自分を客観視するチャンス。そこで周囲の人への気配りを忘れなければ、それ以降に自分が目指す道が見えてきそう。10月の決断は2月からの寿ゾーンに弾みをつけます。2019年6月6日には再び月運の天中殺に入るので、決めるべきことは寿ゾーンのうちに。

亀39の人の年間運勢

亀39の人は、2018年は寿ゾーンの「転の年」、2019年は「結の年」で、育ててきたもの、特に縁に関することで結果を実感できる出来事に遭遇できそう。2019年2月4日から6月5日までは、月運の寿ゾーンが重なり運気はピーク。ただし、4月5日から6月5日までは1年に2か月ある月運の天中殺が重なるため、アクションを起こすなら4月4日までに。4月5日を過ぎると、つい欲深さが出てしまい評価を下げてしまうこともあるので気をつけて。2018年は年間を通して将来性のある縁に巡り合えて、2019年はその縁を固めていきやすい流れがあります。付き合うなら結婚前提で相手を選ぶと、スムーズに話がまとまりそう。交際中の相手がその気にならないなら、電撃婚の運もあるので、寿ゾーン中に新たな恋を求めてもいいかも。

亀49の人の年間運勢

亀49の人は、2018年は寿ゾーンの「転の年」、2019年は「結の年」で、地位や信用が高まり、さらにハードルの高いことに挑戦できるときです。2019年2月4日から6月5日までは月運の寿ゾーンが訪れますが、2月4日から4月4日までは、1年に2か月ある月運の天中殺も重なるため、大きく動くのは4月5日以降に。恋人との関係を深めたり、結婚などの大きな決断をしたりするなら、運が最高潮となる4月5日から5月5日までに動いておいて。2018年は楽しいことも多いので怠け癖も出そうですが、秋に向けてどんどん物事がスピードアップしていくので、ここで気を緩めるのは危険。秋以降は積極的に新しい世界に触れ、人と交流し、視野を広げておくことで、寿ゾーンで目標以上の結果を手にすることが可能になります。

亀59の人の年間運勢

2018年は寿ゾーンの「転の年」、2019年は「結の年」が巡り、あなたの中の「人生を変えたい」願望が大きく進化。結婚、出世、出産など、人生に影響する出来事への関心が上昇していくときです。その情熱と行動力が結実していくのが、月運の寿ゾーンが重なる2019年2月4日から6月5日まで。特に2月4日から4月4日までは欲しいものを手に入れられる予感が。そのためにも、9月8日から10月7日までに心と体のメンテナンスを。また、12月7日から2月3日までは1年に2か月ある月運の天中殺がやってくるので、それまでにできることを処理して、余計な動きをしないように。また、月運の天中殺の間は、判断力が低下しやすいので、最近気になり始めたことや付き合いの浅い人とのことは勢いで深入りしないで。

鯛

KOTOBUKI ZONE

TAI

海の中で、時間をかけながら成長していく鯛。あなたも自分の中の経験を少しずつ積み重ねて、ゆっくりマイワールドを築く資質を持つ人です。おめでたい魚の代表格のような鯛も最初は何の変哲もない稚魚。あなたも一見、物静かで、内向的な印象ですが、感受性は鋭く、空想力豊かなロマンチスト。思慮深く、起きたことをひとつひとつ分析しながら、それを糧にして成長する頭脳派。勤勉な努力家でもあり、多少、理不尽な環境や出来事でも耐えてしまう強靭《きょうじん》な一面も秘めています。古いものや伝統のあるものに縁があり、それを自分の中で新しく個性的でスタイリッシュなものに作り変えることもできる人です。

ただ〝蓄積〟は、過去や終わったことをいつまでも断ち切れず、後ろ向きなまま、時間を無駄にしたり、飛躍のタイミングを逃して成長を自ら止めてしまうことも。少し高い視点から大局を見るよう心がけると、唯一無二の活躍ができるでしょう。

鯛の人の恋愛と結婚

内向的で物静か。物事を丁寧に積み上げていく鯛の人は、愛情もじっくりと時間をかけて育てていきます。一つの恋愛のタームが長いのが特徴で、好きになった人を一途《いちず》に想い続けますが、叶《かな》わぬ恋、すでに終わっている恋も引きずりやすいというマイナス面も。

また、いきなり告白やプロポーズをされ、どうしていいかわからず、戸惑ってお断りしてしまい、その後で自分の気持ちに気づいて後悔し続ける、なんてパターンに陥ることも多いでしょう。

異性から声がかからないわけじゃないのに、恋愛や結婚で後れを取りやすいのは、そんな過去の恋愛を断ち切れないのが大きな原因です。また、恋に臆病なところがあり、相手がよほど熱心にアピールしない限り、新たな恋のステップに進めないせいもありそうです。

とても慎重な鯛の人ですが、束縛のない自由な環境を与えてくれる、落ち着いた雰囲気の真面目な異性には強く惹《ひ》かれ、少しアクティブになれるはず。思いが強いぶん復活愛で成功することも。母性が強いので年下ともうまくいきやすい運もあります。あなたが幸せをつかむために大切なのは、過去のリセットと、ピンときたらすぐに動くこと。心と体に多少の軽さを持って、恋を楽しみましょう。

鯛の人の仕事とお金

自分が大切にしている世界観や価値観を守ろうとするピュアさと、努力を積み重ね、ゆっくりと自分のペースで物事を成し遂げていくたくましさを持つ鯛の人。そんなあなたにビジネスチャンスを運ぶのは、一度始めたらモノにするまで投げ出さない持続力です。好奇心旺盛でいろいろなことに目を向け、コツコツと知識を吸収、経験も積んでいきますが、目の前のことに夢中になりすぎて、大局を見失いやすい点は要注意。瞬発力を求められる、突発的なことへの対応も苦手です。適しているのは、粘り強くことに当たる研究職、少しのミスも許されない緻密さや精密さを求められる業種など。

慎重で思慮深いので、鯛の人は何をするにも時間がかかるのが特徴。周囲をイライラさせるときもありますが、そこを打算やごまかしで乗り切ろうとすると、努力が水の泡に。どんなときも清く正しく、ひたむきに頑張ることが、鯛の人の成功につながります。

お金は、生活の中のこまごましたところで流れを変えることが大きな金運につながります。家計簿をきちんとつけて無駄な出費を抑え、少額でも還元されるような税金対策を考えて。買い物やクレジットカードのポイントの有効利用も運に結びつきます。

鯛の人の開運ポイント

鯛は、きれいな海水の中でないと育たないように、鯛タイプの人にとっては清らかさが命。夢や目標を一途に求める姿勢、愛するものを大事にする気持ちなど、何の打算も妥協もない、ピュアな部分があなたを美しく成長させるのです。それなのに形だけの成功や結果を先走って求め、いい加減なショートカットをしたり、適当なごまかしで表面を取り繕えば、才能も魅力も磨かれず、本当の成功と幸運から見放されてしまいます。ズルい行為は、結局、自分を汚すことになります。

〝蓄積〟によって成長する鯛タイプは、突発的なこと、未経験なことには弱く、最初はたいてい失敗します。〝始まり〟には弱いのです。でも、そこですぐにやめてしまえば、傷ついただけ損。一度、始めたことは、とりあえず、地味にしばらく続けてみれば、必ずその先に何かが待っています。また溜《た》め込みやすいあなたは捨てるのが苦手。でもだからこそ持ち物を整理し捨てる工夫、心の中に思いを別の形に昇華させていくような〝捨てる〟行為があなたのパワーにも個性にもつながります。

また、人や何かに食べられてこそ命をまっとうする鯛は、誰かや何かに与え、尽くし、教えるようなことも使命。献身的な生き方こそ鯛タイプを輝かせることを忘れずに。

鯛 10

2018年

7月　寿ゾーン「転」の月（1〜6日）／寿ゾーン「結」の月（7日〜）

1	2	3	4	5	6	7	8	9	10	11	12	13	14	15	16	17	18	19	20	21	22	23	24	25	26	27	28	29	30	31
◆				★ ▲×	×		Y		!	◆ ♥	Y			★		▲×	×		Y	◆	!	♥	Y	★				▲×	×	◆

8月　寿ゾーン「結」の月

1	2	3	4	5	6	7	8	9	10	11	12	13	14	15	16	17	18	19	20	21	22	23	24	25	26	27	28	29	30	31
Y		!!	★ ♥	Y				◎	◆ ▲×	×		Y	★	!!	♥	Y			◆		▲×	×	★	Y		!	♥	Y	◆	

9月

1	2	3	4	5	6	7	8	9	10	11	12	13	14	15	16	17	18	19	20	21	22	23	24	25	26	27	28	29	30
		★ ▲×	×		Y		!	◆ ♥	Y			★		▲×	×		Y	◆	!	♥	Y	★				▲×	×	◆	Y

10月

1	2	3	4	5	6	7	8	9	10	11	12	13	14	15	16	17	18	19	20	21	22	23	24	25	26	27	28	29	30	31
	!!	★ ♥	Y				◎	◆ ▲✳	✳		Y	★	!!	♥	Y			◆		▲✳	✳	★	Y		!	♥	Y	◆		

11月

1	2	3	4	5	6	7	8	9	10	11	12	13	14	15	16	17	18	19	20	21	22	23	24	25	26	27	28	29	30
	★ ▲✳	✳		Y		!	◆ ♥	Y			★		▲✳	✳		Y	◆	!	♥	Y	★				▲✳	✳	◆	Y	

12月

1	2	3	4	5	6	7	8	9	10	11	12	13	14	15	16	17	18	19	20	21	22	23	24	25	26	27	28	29	30	31
!!	★ ♥	Y				◎	◆ ▲×	×		Y	★	!!	♥	Y			◆		▲×	×	★	Y		!	♥	Y	◆			

2019年

1月

1	2	3	4	5	6	7	8	9	10	11	12	13	14	15	16	17	18	19	20	21	22	23	24	25	26	27	28	29	30	31
★ ▲×	×		Y		!	◆ ♥	Y			★		▲×	×		Y	◆	!	♥	Y	★				▲×	×	◆	Y		!!	★ ♥

2月　寿ゾーン「起」の月（4日〜）

1	2	3	4	5	6	7	8	9	10	11	12	13	14	15	16	17	18	19	20	21	22	23	24	25	26	27	28
Y				◎	◆ ▲×	×		Y	★	!!	♥	Y			◆		▲×	×	★	Y		!	♥	Y	◆		

3月　寿ゾーン「起」の月（1〜5日）／寿ゾーン「承」の月（6日〜）

1	2	3	4	5	6	7	8	9	10	11	12	13	14	15	16	17	18	19	20	21	22	23	24	25	26	27	28	29	30	31
	★ ▲×	×		Y		!	◆ ♥	Y			★		▲×	×		Y	◆	!	♥	Y	★				▲×	×	◆	Y		!!

4月　寿ゾーン「承」の月（1〜4日）／寿ゾーン「転」の月（5日〜）

1	2	3	4	5	6	7	8	9	10	11	12	13	14	15	16	17	18	19	20	21	22	23	24	25	26	27	28	29	30
★ ♥	Y				◎	◆ ▲×	×		Y	★	!!	♥	Y			◆		▲×	×	★	Y		!	♥	Y	◆			

5月　寿ゾーン「転」の月（1〜5日）／寿ゾーン「結」の月（6日〜）

1	2	3	4	5	6	7	8	9	10	11	12	13	14	15	16	17	18	19	20	21	22	23	24	25	26	27	28	29	30	31
★ ▲×	×		Y		!	◆ ♥	Y			★		▲×	×		Y	◆	!	♥	Y	★				▲×	×	◆	Y		!!	★ ♥

6月　寿ゾーン「結」の月

1	2	3	4	5	6	7	8	9	10	11	12	13	14	15	16	17	18	19	20	21	22	23	24	25	26	27	28	29	30
Y				◎	◆ ▲×	×		Y	★	!!	♥	Y			◆		▲×	×	★	Y		!	♥	Y	◆				★ ▲×

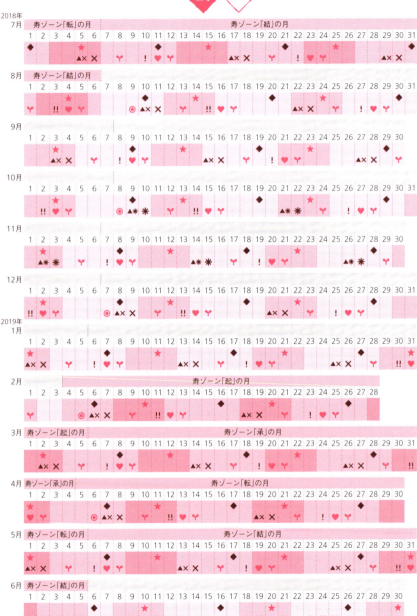

鯛 20

2018年

7月 寿ゾーン「転」の月（1〜6日） 寿ゾーン「結」の月（7〜31日）

1	2	3	4	5	6	7	8	9	10	11	12	13	14	15	16	17	18	19	20	21	22	23	24	25	26	27	28	29	30	31
◆				★						◆				★						◆				★						◆
♥					Y	▲	!		Y			♥					Y	▲	!		Y			♥					Y	▲

8月 寿ゾーン「結」の月（1〜6日）

1	2	3	4	5	6	7	8	9	10	11	12	13	14	15	16	17	18	19	20	21	22	23	24	25	26	27	28	29	30	31
			★						◆				★						◆				★						◆	
!		Y			♥		×	×		Y	▲	!!		Y			♥	◎	×	×		Y	▲	!!		Y			♥	

9月

1	2	3	4	5	6	7	8	9	10	11	12	13	14	15	16	17	18	19	20	21	22	23	24	25	26	27	28	29	30
		★						◆				★						◆				★						◆	
×	×		Y	▲	!		Y			♥		×	×		Y	▲	!		Y			♥		×	×		Y	▲	!

10月

1	2	3	4	5	6	7	8	9	10	11	12	13	14	15	16	17	18	19	20	21	22	23	24	25	26	27	28	29	30	31
		★						◆				★						◆				★						◆		
	Y			♥		×			Y	▲	!!		Y			♥	◎				Y	▲	!!			Y		♥		

11月

1	2	3	4	5	6	7	8	9	10	11	12	13	14	15	16	17	18	19	20	21	22	23	24	25	26	27	28	29	30
	★						◆				★						◆				★						◆		
		Y	▲	!		Y			♥					Y	▲	!		Y			♥					Y	▲	!	

12月

1	2	3	4	5	6	7	8	9	10	11	12	13	14	15	16	17	18	19	20	21	22	23	24	25	26	27	28	29	30	31
	★						◆				★						◆				★						◆			
Y			♥					Y	▲	!!		Y			♥	◎				Y	▲	!!		Y			♥			

2019年

1月

1	2	3	4	5	6	7	8	9	10	11	12	13	14	15	16	17	18	19	20	21	22	23	24	25	26	27	28	29	30	31
★						◆				★						◆				★						◆				★
	Y	▲	!		Y			♥					Y	▲	!		Y			♥					Y	▲	!		Y	

2月 寿ゾーン「起」の月（4〜28日）

1	2	3	4	5	6	7	8	9	10	11	12	13	14	15	16	17	18	19	20	21	22	23	24	25	26	27	28
					◆				★						◆				★						◆		
	♥					Y	▲	!!		Y			♥	◎				Y	▲	!!		Y			♥		

3月 寿ゾーン「起」の月（1〜5日） 寿ゾーン「承」の月（6〜31日）

1	2	3	4	5	6	7	8	9	10	11	12	13	14	15	16	17	18	19	20	21	22	23	24	25	26	27	28	29	30	31
	★						◆				★						◆				★						◆			
		Y	▲	!		Y			♥					Y	▲	!		Y			♥					Y	▲	!		Y

4月 寿ゾーン「承」の月（1〜4日） 寿ゾーン「転」の月（5〜30日）

1	2	3	4	5	6	7	8	9	10	11	12	13	14	15	16	17	18	19	20	21	22	23	24	25	26	27	28	29	30
★						◆				★						◆				★						◆			
		♥					Y	▲	!!		Y			♥	◎				Y	▲	!!		Y			♥			

5月 寿ゾーン「転」の月（1〜5日） 寿ゾーン「結」の月（6〜31日）

1	2	3	4	5	6	7	8	9	10	11	12	13	14	15	16	17	18	19	20	21	22	23	24	25	26	27	28	29	30	31
★						◆				★						◆				★						◆				★
	Y	▲	!		Y			♥					Y	▲	!		Y	×	×	♥					Y	▲	!		Y	

6月 寿ゾーン「結」の月（1〜5日）

1	2	3	4	5	6	7	8	9	10	11	12	13	14	15	16	17	18	19	20	21	22	23	24	25	26	27	28	29	30
					◆				★						◆				★						◆				★
	♥					Y	▲	!!		Y			♥	◎				Y	▲	!!		Y			♥				

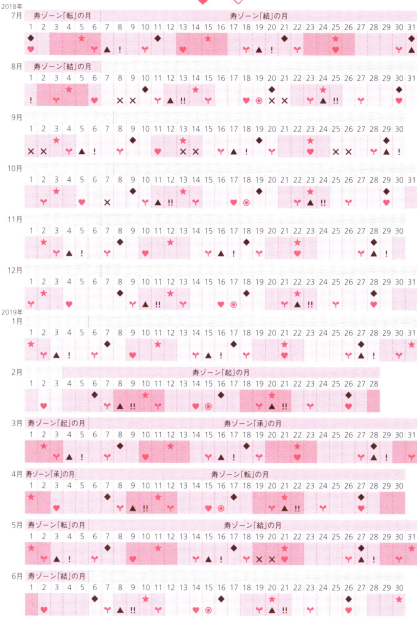

鯛 30

2018年

7月

	1	2	3	4	5	6	7	8	9	10	11	12	13	14	15	16	17	18	19	20	21	22	23	24	25	26	27	28	29	30	31
寿ゾーン	「転」の月						「結」の月																								
	◆				★						◆				★						◆				★						◆
	×	×	♥	Y		‼		Y	▲				×	×	♥	Y		!		Y	▲				×	×	♥	Y		!	

8月

	1	2	3	4	5	6	7	8	9	10	11	12	13	14	15	16	17	18	19	20	21	22	23	24	25	26	27	28	29	30	31
寿ゾーン	「結」の月																														
				★						◆				★						◆				★						◆	
	Y	▲				×		♥	Y		!		Y	▲						♥	Y		‼		Y	▲			◎		

9月

	1	2	3	4	5	6	7	8	9	10	11	12	13	14	15	16	17	18	19	20	21	22	23	24	25	26	27	28	29	30
			★						◆				★						◆				★						◆	
	♥	Y		‼		Y	▲						♥	Y		!		Y	▲						♥	Y		!		Y

10月

	1	2	3	4	5	6	7	8	9	10	11	12	13	14	15	16	17	18	19	20	21	22	23	24	25	26	27	28	29	30	31
			★						◆				★						◆				★						◆		
	▲						♥	Y		!		Y	▲						♥	Y		‼		Y	▲			◎			♥

11月

	1	2	3	4	5	6	7	8	9	10	11	12	13	14	15	16	17	18	19	20	21	22	23	24	25	26	27	28	29	30
		★						◆				★						◆				★						◆		
	Y		‼		Y	▲						♥	Y		!		Y	▲						♥	Y		!		Y	▲

12月

	1	2	3	4	5	6	7	8	9	10	11	12	13	14	15	16	17	18	19	20	21	22	23	24	25	26	27	28	29	30	31
		★						◆				★						◆				★						◆			
						♥	Y		!		Y	▲						♥	Y		‼		Y	▲			◎			♥	Y

2019年

1月

	1	2	3	4	5	6	7	8	9	10	11	12	13	14	15	16	17	18	19	20	21	22	23	24	25	26	27	28	29	30	31
	★						◆				★						◆				★						◆				★
		‼		Y	▲						♥	Y		!		Y	▲						♥	Y		!		Y	▲		

2月

	1	2	3	4	5	6	7	8	9	10	11	12	13	14	15	16	17	18	19	20	21	22	23	24	25	26	27	28
寿ゾーン				「起」の月																								
						◆				★						◆				★						◆		
				♥	Y		!		Y	▲						♥	Y		‼		Y	▲			◎			♥

3月

	1	2	3	4	5	6	7	8	9	10	11	12	13	14	15	16	17	18	19	20	21	22	23	24	25	26	27	28	29	30	31
寿ゾーン	「起」の月					「承」の月																									
		★						◆				★						◆				★						◆			
	Y		‼		Y	▲						♥	Y		!		Y	▲						♥	Y		!		Y	▲	

4月

	1	2	3	4	5	6	7	8	9	10	11	12	13	14	15	16	17	18	19	20	21	22	23	24	25	26	27	28	29	30
寿ゾーン	「承」の月				「転」の月																									
	★						◆				★						◆				★						◆			
					♥	Y		!		Y	▲						♥	Y		‼		Y	▲			◎			♥	Y

5月

	1	2	3	4	5	6	7	8	9	10	11	12	13	14	15	16	17	18	19	20	21	22	23	24	25	26	27	28	29	30	31
寿ゾーン	「転」の月					「結」の月																									
	★						◆				★						◆				★						◆				★
		‼		Y	▲						♥	Y		!		Y	▲						♥	Y		!		Y	▲		

6月

	1	2	3	4	5	6	7	8	9	10	11	12	13	14	15	16	17	18	19	20	21	22	23	24	25	26	27	28	29	30
寿ゾーン	「結」の月																													
						◆				★						◆				★						◆				★
				♥	Y		!		Y	▲				×	×	♥	Y		‼		Y	▲			◎	×	×	♥	Y	

2018年

7月 寿ゾーン「転」の月（1〜6日）　寿ゾーン「結」の月（7〜31日）

1	2	3	4	5	6	7	8	9	10	11	12	13	14	15	16	17	18	19	20	21	22	23	24	25	26	27	28	29	30	31
◆				★						◆				★						◆				★						◆
	Y		!!	♥	Y				◎	▲			Y		!!	♥	Y					▲			Y		!	♥	Y	

8月 寿ゾーン「結」の月（1〜6日）

1	2	3	4	5	6	7	8	9	10	11	12	13	14	15	16	17	18	19	20	21	22	23	24	25	26	27	28	29	30	31
			★						◆				★						◆				★						◆	
			▲			Y		!	♥	Y					▲			Y		!	♥	Y					▲			Y

9月

1	2	3	4	5	6	7	8	9	10	11	12	13	14	15	16	17	18	19	20	21	22	23	24	25	26	27	28	29	30
		★						◆				★						◆				★						◆	
	!!	♥	Y				◎	▲			Y		!!	♥	Y					▲			Y		!	♥	Y		

10月

1	2	3	4	5	6	7	8	9	10	11	12	13	14	15	16	17	18	19	20	21	22	23	24	25	26	27	28	29	30	31
		★						◆				★						◆				★						◆		
		▲			Y		!	♥	Y					▲			Y		!	♥	Y					▲			Y	

11月

1	2	3	4	5	6	7	8	9	10	11	12	13	14	15	16	17	18	19	20	21	22	23	24	25	26	27	28	29	30
		★						◆				★						◆				★						◆	
!!	♥	Y				◎	▲			Y		!!	♥	Y					▲			Y		!	♥	Y			

12月

1	2	3	4	5	6	7	8	9	10	11	12	13	14	15	16	17	18	19	20	21	22	23	24	25	26	27	28	29	30	31
	★						◆				★						◆				★						◆			
	▲			Y		!	♥	Y					▲			Y		!	♥	Y					▲			Y		!!

2019年

1月

1	2	3	4	5	6	7	8	9	10	11	12	13	14	15	16	17	18	19	20	21	22	23	24	25	26	27	28	29	30	31
★						◆				★						◆				★						◆				★
♥	Y				◎	▲			Y		!!	♥	Y					▲			Y		!	♥	Y					▲

2月 寿ゾーン「起」の月（4〜28日）

1	2	3	4	5	6	7	8	9	10	11	12	13	14	15	16	17	18	19	20	21	22	23	24	25	26	27	28
					◆				★						◆				★						◆		
		Y		!	♥	Y					▲			Y		!	♥	Y					▲			Y	

3月 寿ゾーン「起」の月（1〜5日）　寿ゾーン「承」の月（6〜31日）

1	2	3	4	5	6	7	8	9	10	11	12	13	14	15	16	17	18	19	20	21	22	23	24	25	26	27	28	29	30	31
	★						◆				★						◆				★						◆			
!!	♥	Y				◎	▲			Y		!!	♥	Y					▲			Y		!	♥	Y				

4月 寿ゾーン「承」の月（1〜4日）　寿ゾーン「転」の月（5〜30日）

1	2	3	4	5	6	7	8	9	10	11	12	13	14	15	16	17	18	19	20	21	22	23	24	25	26	27	28	29	30
★						◆				★						◆				★						◆			
▲			Y		!	♥	Y					▲×	×		Y		!	♥	Y					▲×	×		Y		!!

5月 寿ゾーン「転」の月（1〜5日）　寿ゾーン「結」の月（6〜31日）

1	2	3	4	5	6	7	8	9	10	11	12	13	14	15	16	17	18	19	20	21	22	23	24	25	26	27	28	29	30	31
★						◆				★						◆				★						◆				★
♥	Y				◎	×▲	×		Y		!!	♥	Y					×▲	×		Y		!	♥	Y					×▲

6月 寿ゾーン「結」の月（1〜5日）

1	2	3	4	5	6	7	8	9	10	11	12	13	14	15	16	17	18	19	20	21	22	23	24	25	26	27	28	29	30
					◆				★						◆				★						◆				★
×		Y		!	♥	Y					▲			Y		!	♥	Y					▲			Y		!!	♥

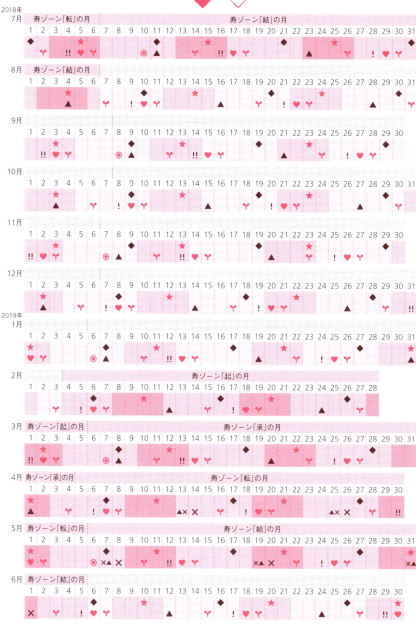

2018年 7月

寿ゾーン「転」の月（1〜6） 寿ゾーン「結」の月（7〜31）

1	2	3	4	5	6	7	8	9	10	11	12	13	14	15	16	17	18	19	20	21	22	23	24	25	26	27	28	29	30	31
◆				★						◆				★						◆				★						◆
▲	!		Y			♥					Y	▲	!!		Y			♥	◎				Y	▲	!!		Y			♥

8月

寿ゾーン「結」の月（1〜6）

1	2	3	4	5	6	7	8	9	10	11	12	13	14	15	16	17	18	19	20	21	22	23	24	25	26	27	28	29	30	31
			★						◆				★						◆				★						◆	
				Y	▲	!		Y			♥					Y	▲	!		Y			♥					Y	▲	!

9月

1	2	3	4	5	6	7	8	9	10	11	12	13	14	15	16	17	18	19	20	21	22	23	24	25	26	27	28	29	30
		★						◆				★						◆				★						◆	
	Y			♥					Y	▲	!!		Y			♥	◎				Y	▲	!!		Y			♥	

10月

1	2	3	4	5	6	7	8	9	10	11	12	13	14	15	16	17	18	19	20	21	22	23	24	25	26	27	28	29	30	31
		★						◆				★						◆				★						◆		
			Y	▲	!		Y			♥					Y	▲	!		Y			♥					Y	▲	!	

11月

1	2	3	4	5	6	7	8	9	10	11	12	13	14	15	16	17	18	19	20	21	22	23	24	25	26	27	28	29	30
	★						◆				★						◆				★						◆		
Y			♥					Y	▲	!!		Y			♥	◎				Y	▲	!!		Y			♥		

12月

1	2	3	4	5	6	7	8	9	10	11	12	13	14	15	16	17	18	19	20	21	22	23	24	25	26	27	28	29	30	31
	★						◆				★						◆				★						◆			
		Y	▲	!		Y			♥					Y	▲	!		Y			♥					Y	▲	!		Y

2019年 1月

1	2	3	4	5	6	7	8	9	10	11	12	13	14	15	16	17	18	19	20	21	22	23	24	25	26	27	28	29	30	31
★						◆				★						◆				★						◆				★
		♥					Y	▲	!!		Y			♥	◎				Y	▲	!!		Y			♥				

2月

寿ゾーン「起」の月（4〜28）

1	2	3	4	5	6	7	8	9	10	11	12	13	14	15	16	17	18	19	20	21	22	23	24	25	26	27	28
					◆				★						◆				★						◆		
Y	▲	!		Y			♥		×	×		Y	▲	!		Y			♥		×	×		Y	▲	!	

3月

寿ゾーン「起」の月（1〜5） 寿ゾーン「承」の月（6〜31）

1	2	3	4	5	6	7	8	9	10	11	12	13	14	15	16	17	18	19	20	21	22	23	24	25	26	27	28	29	30	31
	★						◆				★						◆				★						◆			
Y			♥		×	×		Y	▲	!!		Y			♥	◎	×	×		Y	▲	!!		Y			♥		×	×

4月

寿ゾーン「承」の月（1〜4） 寿ゾーン「転」の月（5〜30）

1	2	3	4	5	6	7	8	9	10	11	12	13	14	15	16	17	18	19	20	21	22	23	24	25	26	27	28	29	30
★						◆				★						◆				★						◆			
	Y	▲	!		Y			♥					Y	▲	!		Y			♥					Y	▲	!		Y

5月

寿ゾーン「転」の月（1〜5） 寿ゾーン「結」の月（6〜31）

1	2	3	4	5	6	7	8	9	10	11	12	13	14	15	16	17	18	19	20	21	22	23	24	25	26	27	28	29	30	31
★						◆				★						◆				★						◆				★
		♥					Y	▲	!!		Y			♥	◎				Y	▲	!!		Y			♥				

6月

寿ゾーン「結」の月（1〜5）

1	2	3	4	5	6	7	8	9	10	11	12	13	14	15	16	17	18	19	20	21	22	23	24	25	26	27	28	29	30
					◆				★						◆				★						◆				★
Y	▲	!		Y			♥					Y	▲	!		Y			♥					Y	▲	!		Y	

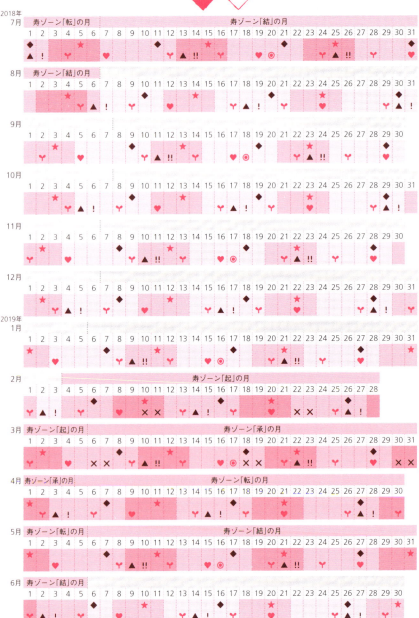

鯛 60

2018年

7月 寿ゾーン「転」の月（1〜6日） 寿ゾーン「結」の月（7〜31日）

日	1	2	3	4	5	6	7	8	9	10	11	12	13	14	15	16	17	18	19	20	21	22	23	24	25	26	27	28	29	30	31
	◆				★						◆				★						◆				★						◆
		Y	▲						♥	Y		!		Y	▲						♥	Y		!!		Y	▲			◎	

8月 寿ゾーン「結」の月（1〜6日）

日	1	2	3	4	5	6	7	8	9	10	11	12	13	14	15	16	17	18	19	20	21	22	23	24	25	26	27	28	29	30	31
				★						◆				★						◆				★						◆	
		♥	Y		!!		Y	▲						♥	Y		!		Y	▲						♥	Y		!		Y

9月

日	1	2	3	4	5	6	7	8	9	10	11	12	13	14	15	16	17	18	19	20	21	22	23	24	25	26	27	28	29	30
			★						◆				★						◆				★						◆	
	▲						♥	Y		!		Y	▲						♥	Y		!!		Y	▲			◎		

10月

日	1	2	3	4	5	6	7	8	9	10	11	12	13	14	15	16	17	18	19	20	21	22	23	24	25	26	27	28	29	30	31
			★						◆				★						◆				★						◆		
	♥	Y		!!		Y	▲						♥	Y		!		Y	▲						♥	Y		!		Y	▲

11月

日	1	2	3	4	5	6	7	8	9	10	11	12	13	14	15	16	17	18	19	20	21	22	23	24	25	26	27	28	29	30
		★						◆				★						◆				★						◆		
						♥	Y		!		Y	▲						♥	Y		!!		Y	▲			◎			♥

12月

日	1	2	3	4	5	6	7	8	9	10	11	12	13	14	15	16	17	18	19	20	21	22	23	24	25	26	27	28	29	30	31
		★						◆				★						◆				★						◆			
	Y		!!		Y	▲				×	×	♥	Y		!		Y	▲				×	×	♥	Y		!		Y	▲	

2019年

1月

日	1	2	3	4	5	6	7	8	9	10	11	12	13	14	15	16	17	18	19	20	21	22	23	24	25	26	27	28	29	30	31
	★						◆				★						◆				★						◆				★
			×	×	♥	Y		!		Y	▲				×	×	♥	Y		!!		Y	▲			◎	×	×	♥	Y	

2月 寿ゾーン「起」の月（4〜28日）

日	1	2	3	4	5	6	7	8	9	10	11	12	13	14	15	16	17	18	19	20	21	22	23	24	25	26	27	28
						◆				★						◆				★						◆		
	!!		Y	▲			◎			♥	Y		!		Y	▲						♥	Y		!		Y	▲

3月 寿ゾーン「起」の月（1〜5日） 寿ゾーン「承」の月（6〜31日）

日	1	2	3	4	5	6	7	8	9	10	11	12	13	14	15	16	17	18	19	20	21	22	23	24	25	26	27	28	29	30	31
		★						◆				★						◆				★						◆			
						♥	Y		!		Y	▲						♥	Y		!!		Y	▲			◎			♥	Y

4月 寿ゾーン「承」の月（1〜4日） 寿ゾーン「転」の月（5〜30日）

日	1	2	3	4	5	6	7	8	9	10	11	12	13	14	15	16	17	18	19	20	21	22	23	24	25	26	27	28	29	30
	★						◆				★						◆				★						◆			
		!!		Y	▲						♥	Y		!		Y	▲						♥	Y		!		Y	▲	

5月 寿ゾーン「転」の月（1〜5日） 寿ゾーン「結」の月（6〜31日）

日	1	2	3	4	5	6	7	8	9	10	11	12	13	14	15	16	17	18	19	20	21	22	23	24	25	26	27	28	29	30	31
	★						◆				★						◆				★						◆				★
					♥	Y		!		Y	▲						♥	Y		!!		Y	▲			◎			♥	Y	

6月 寿ゾーン「結」の月（1〜5日）

日	1	2	3	4	5	6	7	8	9	10	11	12	13	14	15	16	17	18	19	20	21	22	23	24	25	26	27	28	29	30
						◆				★						◆				★						◆				★
	!!		Y	▲						♥	Y		!		Y	▲						♥	Y		!		Y	▲		

鯛10の人の年間運勢

2018年は「寿ゾーン」の「転の年」でいろいろな期待がよせられ、それに応えて必死に頑張るとき。ただし「トラブル運」の年でもあり、ストレスやモメ事もあるとき。それでも4月5日から8月6日までのW寿ゾーンでは、恋愛は盛り上がり、出会いもありそう。仕事も絶好調で、大きな仕事が舞い込んだりします。でも鯛10の人は2018年、2019年は年運の天中殺なので、物事が極端に走りやすく、恋愛か仕事か、どちらか一択になっていくかも。欲張ると10月8日～12月6日の月運のW天中殺のときにパンク。恋愛中でゴールを目指すなら2019年の「結の年」に。ただし2018年に始まったばかりの恋は一過性で終わる危険も。もめたり、こじれたりした問題は2019年2月4月～6月5日のW寿ゾーンで正して挽回できます。

鯛20の人の年間運勢

2018年が寿ゾーンの「転の年」、2019年が「結の年」ですが、あなたの場合は2019年には年運で「発展運」も巡るので、寿ゾーンの最後の年がまさに勝負の年となります。もちろん、2018年も月運が寿ゾーンになる8月7日までは恋愛成就、婚活成功の可能性は高いでしょう。もし、うまくいかなければ月運の天中殺の8月7日～10月7日に、これまでの反省をふまえ、婚活や仕事などの方向、方針を転換して。そうすれば2019年立春で年運が変わると同時に始まる2月4日～6月5日のW寿ゾーンでのチャンスをモノにできます。ここでピンとくる出会いには乗ってOK。2019年は何事もスピーディに進むので、電撃的な年内結婚も夢ではなく、仕事でもあっという間に結果が出せます。2019年は自分の直感を信じてOK。

鯛30の人の年間運勢

2018年は寿ゾーンの「転の年」で婚活や恋愛には勝負の年。自分では今は、仕事に集中と思っていても8月7日までのW寿ゾーンの時期に出会いがあり、お付き合いが始まることも多いかも。仕事などはチームや仲間で動く場面が多く、チームワーク重視で仕事運も上がりますが、そこで自然に仲良くなる異性がいたら、それが運命の人かも。2019年は寿ゾーン最後の「結の年」。そしてあなたに年運で「変化運」が巡ります。2月4日～6月5日のW寿ゾーンでは、結婚や転職で生活を大きく変える選択をしたり、またはそうなる縁が巡ってきそう。特にそれ以前の2018年の11月7日～12月6日に、ダメな恋や過去を断ち切り、生活を変えておくと、2019年のこの2月4日からのW寿ゾーンで実りある出会いに恵まれるでしょう。

鯛40の人の年間運勢

２０１８年は寿ゾーンで「転の年」で２０１９年は「結の年」。４年間の中でも最も出会いが多く強い縁を結べる２年間なので、まさに婚活にはこれ以上ない日本晴れの運気が巡っています。特に２０１８年は、今まで続けてきたことに何か結論、結果が出て、それを踏まえて次のステージに進む、人生のターニングポイント的な選択もあるとき。恋人と結婚して一緒に次の目標を目指すのもよく、２０１８年中なら10月８日～12月６日がゴールインにお勧め。また、２０１８年に生活改革、心境の変化があった人ほど２０１９年には飛躍が待っています。特に２月４日～６月５日のＷ寿ゾーンはピカピカのモテ運、そして仕事運が到来。出会ってすぐの電撃結婚も２０１９年はあり。転職もＯＫですが、しなくても多くのチャンスに恵まれます。

鯛50の人の年間運勢

もともとその気になると、突進する鯛50のあなた。寿ゾーンの「転の年」の２０１８年は、目的達成のためガンガン攻めていくべきときですが、婚活ではステイタスや収入などに好条件な相手を求めてちょっと背伸びしがちな傾向も。そのため背景があまりわからないネットやＳＮＳを通しての出会いよりは、むしろ知人の紹介などで環境的に近い所にいる人のほうが安心かも。２０１８年の８月６日までのＷ寿ゾーンのうちに気持ちを伝えたり、働きかけておくと、９月８日～10月７日や12月７日～２０１９年の１月５日に嬉しいリアクションが返ってきます。またこの期間は寿ゾーンではないけれど、ここで婚活や仕事で積極的に仕掛けておくと、２０１９年２月４日～６月５日のＷ寿ゾーンに狙っていた結果や出会いが運ばれてくるでしょう。

鯛60の人の年間運勢

寿ゾーンの「転の年」の２０１８年は、ハイレベルな運気をキープ。８月６日までの月運もＷ寿ゾーンにあたる時期は特に好調で、物事を自由自在にあなた主導で動かして、狙ったものをゲットできます。もちろん恋愛運も絶好調。すでに恋愛成就、あるいは間近な人も多いはずですが、もし、まだなら、２０１８年のうちに、あの手この手で攻めておくべき。その努力は２０１９年寿ゾーンの「結の年」に一気に報われます。さらに、２０１９年は２月４日～６月５日のＷ寿ゾーンから始まるので、ここで勝負をかけて動いて、一気に走りましょう。ただし２０１８年12月７日～２０１９年２月３日は月運の天中殺。ここでは謙虚に状況を俯瞰《ふかん》して客観的に見ること。それが２０１９年寿ゾーンの「結の年」に人生の勝利をものにするポイントです。

おわりに

私たちは、いつも案外、直近のことしか考えて生きていないものです。

明日はこれをしなくては……。今週中にこれを……。

最近、なんだかついてない……。この前、ちょっとよいことがあった……。

それは当たり前のことで、そうした1日1日の積み重ねで日々は過ぎていきます。

でも、あるとき、ふと振り返って考えると、いつの間にか、数年前とはあなたの生活も人生も大きく変わっていることに気が付くと思います。


そんなあなたの毎日をサポートするために、「寿ゾーン」を主体とした「寿365日カレンダー」をつけました。自分のカレンダーは、ぜひ、切り取って手帳などに挟んで使ってみてください。

日々、よいことも悪いことも起こりますが、長期的な視点で見て、自分は今、どんな運気、どんな〝地点〟にいるのかがわかると、意外に冷静になれたり、起きたことに対して違う受け止め方ができるはずです。

そんな長期的な視点を持つために、本書では、あなたの10年間の運気がわかる「寿10年運バー」を載せました。

今日は、こんなことがあったけれど、これは数年後の「寿ゾーン」で何かよい成果をあげるための種まきかもしれない……。

年運の「寿ゾーン」は終わっても、まだまだ日々の「寿ゾーン」を利用して、好調を維持しながら、少しずつ次のことを考えて準備をしていこう……。

この毎日のカレンダーと10年運の長期的なカレンダーの両方を頭に入れておくことで、あなたの毎日は、より楽しく有意義になるはずです。

もうひとつ、とても大事なことは、自分の「寿ゾーン」だけでなく、大事な人や仕事などで関わる人の運気も「寿10年運バー」と「寿365日カレンダー」でチェックしてみることです。

「寿ゾーン」は人と関わりあい、交流し、影響しあって変わっていくときです。

自分は「寿ゾーン」の運気でなくても、もし、相手が「寿ゾーン」の運気なら、そしてあなたが相手を思う気持ち、相手と関わりたいという気持ちがあれば、相手の「寿ゾーン」の運気に乗って、あなたも変わり、望んでいたところにいけます。

そのことも、ぜひ忘れないでいてください。人はみんなひとりで生きているわけではないのです。

私もいろいろな占術を研究していますが、占いにもいろいろあります。

ある占いではよい日だけれど、「寿ゾーン」ではない、または、きょうは「寿ゾーン」だけど、他の占いではよくない日となっている、どちらを信じたらいい？　どう考えたらよい？　という質問をよくいただきます。

そんな時は、ぜひ、両方の占いを信じてください。

ある占いではよい日だけど、別の占いでダメな日だったら、ちょっと注意が必要だけどよい日ぐらいのイメージで。どちらの占いをメインに考えて、〝晴れ時々曇り〟の運気とするか〝曇り時々晴れ〟との運気にするかは、その日、あなたがやりたいこと、やるべきことをメインにして、**あなた自身が決めてください。**

そのかわり、いくつかの占いでよい運気が重なる日は、まさに〝日本晴れ〟。**思い切り、大事なことに使う日にしましょう。**

この「寿ゾーン」の占いは、これまでいろいろな雑誌のさまざまな特集でたびたび掲載してきましたが、書籍という形で、改めてまとめてみると、「占い」というものに対する**私の考え方、利用の仕方が凝縮しているコンテンツ**だという気がします。

人生は、山あり、谷あり、本当によいときも悪いときもあります。

私が、占いが好きになり、占いを日々信じているのは、**生きている限り、時が巡り、運気は変わり、占いでは次の〝幸運期〟が必ずやってくるから。**

誰にとっても、たとえ今が最悪でも、運気の良い日は必ずくる、笑える日はくると、占いは教えてくれるからかもしれません。

10年のうちに4年間やってくる「寿ゾーン」は、基本的には**華やかで、豊かな人と**

の交流を運びます。そんな「寿ゾーン」は、今、何歳でも、どんな状況にいても、1年の中には、最低4か月はやってきて、数年先には、また「寿ゾーン」が必ずやってくるものです。それを目指して、**今、この時間を頑張るために、**ぜひ、この本を熟読して、活用してみてください。

占いは、いつだって**あなたが幸せになるために使うものです。**

少し先には「寿ゾーン」があって、そこではきっとよいことに出会える……。

そんな風に、この本が、**あなたの心の中に小さな灯のような希望を宿すもの**になることを祈っています。

2018年5月吉日

「寿ゾーン」の年の「寿ゾーン」の月に

水晶玉子

水晶玉子 SUISHO TAMAKO
占術研究家。本名·生年月日非公開。東京都出身。幼い頃から占いに興味をもち、東洋、西洋の枠を超え、数々の占術を研究する。公式ツイッター@Suisho_TamakoやFacebook、LINEで暦やウサギのことを発信中。『怖いほど運が向いてくる！四柱推命』（青春出版社）、『水晶玉子のオリエンタル占星術 幸運を呼ぶ365日メッセージつき』（集英社）などベストセラーほか、著書多数。雑誌、ムックでも活躍。

水晶玉子の寿ゾーン

2018年6月14日　第1刷発行

著　者　水晶玉子
発行者　石﨑 孟
発行所　株式会社マガジンハウス
〒104-8003　東京都中央区銀座3-13-10
書籍編集部　☎03-3545-7030
受注センター　☎049-275-1811

印刷·製本所　中央精版印刷株式会社

ISBN978-4-8387-3000-1 C0076

マガジンハウスのホームページhttp://magazineworld.jp/